梦山书系

[彩虹课程丛书]

丛书主编　吴丽珍
副 主 编　吴端萍　朱丽芬

来做一把油纸伞吧

幼儿项目活动中问题解决经验的建构

朱丽芬　林　娟◎编写

海峡出版发行集团 | 福建教育出版社

目 录

序 一 ··· 1

序 二 ··· 6

前 言 ··· 1

缘 起 ··· 1

第一次做伞：看起来很简单，做起来不容易 ································ 6

试着做一把像伞的伞 ··· 7

伞面怎么塌掉了 ·· 13

小伞为什么不好看呢 ··· 16

教师手记：别小看做伞这件事 ·· 19

第二次做伞：我们不放弃 ······ 21

用什么材料会更好 ······ 22

你可以和我一起做吗 ······ 27

伞面翘起来了怎么办 ······ 29

加了短骨的伞 ······ 33

再次观察调研油纸伞的秘密 ······ 38

为什么不去问问做油纸伞的严师傅 ······ 42

参观前要做哪些准备呢 ······ 45

一起去拜访非遗传人、福州油纸伞制作人严师傅 ······ 47

教师手记：在陪伴中，老师收获着惊喜 ······ 55

第三次做伞：想做一把会开合的伞·····57

会开合的秘密在哪里·····58

设计一把独一无二的伞·····62

一个有洞的瓶盖·····66

不试试怎么知道不会成功呢·····68

不一样的伞托材料·····74

哪种下伞托最好用·····78

为什么小伞一合拢就会散架·····81

我有点着急了·····82

再去问问严师傅·····83

老师的做伞体验·····87

吸管、纸胶、毛根妙处多多·····91

小语做了第一把能完整开合的小伞·····94

你能教教我吗…………………………………………………………………………… 102

长骨、短骨和下伞托——找到关键部位最重要………………………………… 104

能让小伞变得更稳固的测量……………………………………………………… 107

教师手记：不断挑战是持续探究的动力………………………………………… 111

第四次做伞：在一次次的失败中迎来成功……………………………… 113

为什么小伞一撑开就合不拢了…………………………………………………… 114

怎样让小伞合拢——我爸爸想了一个妙计……………………………………… 117

各种各样的小伞制作妙计………………………………………………………… 122

做一份属于我们自己的制伞说明书……………………………………………… 126

当浩浩做到第 10 把后，他就越做越好了……………………………………… 130

挑战做一把超级大伞……………………………………………………………… 135

做大伞行动开始啦………………………………………………………………… 137

先来拆一把大伞吧 ··· 139

制作大伞真不容易 ··· 142

教师手记：制作大伞带来的惊喜与触动 ·· 150

大伞撑起来真费劲，但我们很开心 ··· 152

策划一场关于伞的表演 ·· 156

教师手记：在经历不可思议中越来越相信孩子 ··································· 160

收获： 做伞过程中的汗水与泪水 ··· 161

尾声： 油纸伞不仅仅是"伞"哦！ ··· 165

序 一

实现高质量发展是我国学前教育事业新的历史定位,而高质量的学前教育与教师的专业研究密切相关。在观摩福建幼儿师范高等专科学校附属第二幼儿园(简称福幼二园)的教育活动时,我常常能听到老师们给我讲班级幼儿在项目探究中的教育故事,让我感受到教师持续对儿童的关注,思考"教"与"学"的关系,深刻地影响着幼儿的学习与发展。

这本名为《来做一把油纸伞吧——幼儿项目活动中问题解决经验建构》的教育故事,是我在众多的教育现场中印象深刻的案例,建议她们整理出来,让大家从真实的幼儿教育故事中了解儿童是怎样学习的,是怎样解决问题的,了解教师如何关注幼儿的兴趣、问题和想法,如何利用环境与资源支持幼儿的主动探究与团队协作,如何让幼儿在愉悦的学习体验中拓展自主探究的深度与广度,等等。

福建幼儿师范高等专科学校是一所培养面向未来、指向实践的专业型幼儿教师的百年老校,作为校长,我一直在思考幼儿园教育质量、职前职后教师培养及教育研究之间的关系问题。这个案例给了我一些启发,我们教师可以将自己每天经历的教育生活、教育实践作为研究对象,进行思维加工,转变为带有教育意味的研究案例,边行动、边反思,再调整教育行为，园所还可将这些案例素材作为促进园本教研、教师之间专业对话的载体，也可作为职前幼教师资培养的学习材料，帮助教师分析教育过程中复杂、关键的问题，促使教师缄默知识显性化，进入意识层面，对此做出自己的研究思考与评价，改进教育实践和提高教育质量，教师也由此实现了专业成长。

基于上，福幼二园对"什么是幼儿教育""教育中的师幼关系""如何支持幼儿深度学习"等问题进行长期研究与探寻。这本案例给我最深的印象有这样几点：

1. 有浓郁的生活气息

教育应是一种充满智慧的生活。这个案例反映的就是教师和孩子的生活，源于孩子们对生活区周边三坊七巷的油纸伞的好奇，围绕着孩子们探索、制作油纸伞的在园学习生活展开，并伴随着教师对教育的思考。在案例里，我们可以认识一个个有自己独立想法、充满活力、动手动脑的儿童；我们也可以看到教师的教育困惑与体悟，不仅有对儿童的发现，还有对自我教育生活的一种发现，教师的个人专业成长从某种意义上也可言之为"教师个人生活状态的一个副产品"。

2. 有敏感的问题意识

"研究始于问题。"教师要有一双发现的眼睛，培养问题意识，才能在看似平常的细节中体验和觉察意义。案例以幼儿制作油纸伞中遇到的一个又一个的问题为主要线索，教师以

"观察"贯穿项目活动始终，不断发掘一个个富有价值的幼儿的"真问题"，例如"伞面怎么塌掉了""怎样才能让小伞开合""油纸伞'油'在哪里"等等，正是教师抱着尊重开放、观察倾听的态度，幼儿才能张扬兴趣、尽情提问、表达困惑。在这样一个连续、循环的互动过程中，教师与幼儿保持持续的共享的思维，教师才得以充分了解幼儿的真实兴趣与需求，从而反思、审视、质疑事件或问题背后的教育价值，进而给出适宜的教育回应，支持幼儿在持续的问题解决中实现深度学习。

3. 有反思的教育精神

这个案例不仅是对教育过程的叙述，更是一个教师不断反思、调整和改进教育行为的自我叙述。在幼儿教育一线工作中，人人都在实践，但并不意味着人人都在反思。教育案例最有价值之处就在于我们可以感受到教师对自身教育行为审视和批判的精神。当我们读到案例旁批中的教师随想时，仿佛看到教师一遍遍回放、反刍教育现场，不断与自己进行专业对话，进行价值冲击，逐渐澄清观念，重构个人的教育理论，形成教育实践智慧，实现专业成长。

4. 有继承的文化认同

幼儿园要加强中华优秀传统文化课程建设，提高教师的文化甄别能力、文化自觉意识与文化育人素养。这个案例取材于福州的历史之源、文化之根——三坊七巷，教师利用幼儿园毗邻处三坊七巷的地理优势，观察幼儿对其中文化资源的好奇，捕捉幼儿对非物质文化遗产——油纸伞的探究兴趣，挖掘家庭与社区资源，共同构建具有浓厚文化气息的学习环境。教师在项目活动中结合福伞基地、制伞工匠及人文习俗等课程内容，尊重幼儿的学习方式与特点，促使幼儿获得优秀传统文化意义感，进而赋予个体文化认同。关于这一点，令我印象深刻有两个例子。其一是，一位叫诺诺的孩子对文化传承的理解，她说："传承就是让更多人了解油纸伞，知道油纸伞，学会做油纸伞，这样以后福州就会一直有油纸伞，不会消失。"其二是，在项目的尾声，孩子们专注、投入地倾听福州油纸伞传承人严磊师傅的叮嘱，齐声高歌"八十三道工序道道不能少"。联想到孩子们在制伞探究过程中认真严谨、坚持不懈、积极创新的鲜活场景，我相信，油纸伞精神以润物细无声的方式在孩子们的心里生根、发芽。

5. 有美好的教育愿景

幼儿园的课程是灵动鲜活的，它是一种教育生命的能量，教师只有特别热情与敏感，对孩子充满爱、充满尊重，给以理解，才能感知到孩子身上每一点的微小变化，才能体悟教育的美好，进而生发出能量"触角"，激发孩子的主动性，与孩子深度连接。如，案例中提到的"在经历做伞的不可思议中越来越相信孩子"，我认为，这是教师深刻体悟后的一种感受、观念与态度，唯有这些才能让教师更好地去享受教育过程，引领教师去反思和不断努力，怀揣美好的教育愿景，实现学前教育的优质发展！

岁月流彩，华章更替，2024年如约而至。我相信，这本案例的出版，对福幼二园乃至全国的幼教同行，在走向高质量的幼儿园教育的进程中，都具有重要的价值和意义。衷心希望学前教育能始终如一以儿童全人发展、终身学习的长远利益为前提，付诸承贤启智、日新学习、自省智慧的实际行动，这些都将是有利于幼儿园师幼、家长与幼教人士的人生志业。

林伟川

福建幼儿师范高等专科学校校长、教授

2024 年元月

序 二

儿童心理学家、发生认识论的开创者皮亚杰把幼儿比喻为天生的科学家，强调孩子是一个独立、自信的学习个体，对世界充满好奇，喜欢提问，会主动摆弄物体，观察事物的变化，将所获得的信息纳入自己的认知体系中，重新组织、调整，形成新的概念。因此，教师最重要的任务是引发孩子的好奇心，和孩子一起发现并分享周围新奇、有趣的事物或现象，创设有利于支持和鼓励幼儿探究的学习环境，让幼儿获得有益的直接经验和感性认识，促进幼儿身心和谐发展。

我经常在下园指导时被问到"什么是项目活动""项目活动与主题活动到底有什么不同""教师在其中的角色是什么样的"等等，反映了一线教师对幼儿园开展项目活动的兴趣及困惑。在我看来，这本《来做一把油纸伞吧——幼儿项目活动中问题解决经验的建构》，就是一种园本的项目活动实例。

对于项目活动，大家有太多的疑问，我试着以书中的内容为例，从以下两个方面来讨论：（1）"来做一把油纸伞"活动算不算项目活动？（2）在项目活动中，教师如何支持幼儿实现喜欢探究、深入探究的育人价值？

1. "来做一把油纸伞吧"算不算项目活动？

在甄别项目活动之前，我们先来明确什么是"项目活动"。项目活动（Project-based learning）又称为方案教学、方案活动、项目课程。1918年，美国教育家克伯屈（W. H. Kilpatrick）在《设计教学法》一文中首次提出，项目活动"是一个有目的的活动或经验，在活动中，学生内心为此项目所驱动，而决定活动的计划、进行的步骤……"1989年，美国两位幼教学者Katz与Chard出版的《探索孩子心灵世界——方案教学理论与实务》（*Engaging Children's Mind: The Project Approach*）中提到"它是由一位或一位以上的儿童针对一个特殊主题进行深入的研究"。意大利小镇瑞吉欧·艾米莉亚（Reggio Emilia）的教育学家Gandini提出"它可以被视为一种探索及研究，可能源自成人、儿童的想法或一个事件……它是结合儿童与教师的经验所进行的探索，使之共同建构知识"。

基于上述讨论，我们认为幼儿园项目活动是以儿童的生活经验和兴趣为基础，以真实的问题驱动为导向，以小组、集体或个体的持续性探究为中心，以整合性学习为特点，以可展示的成果为旨归的一种活动实施方式。其与传统的主题活动既有相似之处，例如都围绕一个主题展开，都包含多领域内容等，但两者仍有本质的区别，具体可见以下表格：

	主题活动	项目活动
概念	在一段时间内围绕一个中心内容（即主题）来组织的教育教学活动。	以儿童兴趣与需求引发的项目为核心，支持儿童在真实的问题情境下积极参与、合作探究与多元展示的生成课程模式。
组织逻辑	打破各学科之间相互割裂的状态，将多种学习内容有机结合在一起，让学习者通过该单元的活动，获得与主题相关的完整经验。	纵向逻辑，以问题为导向。
组织形式	单元主题活动基本是集体共同的任务，但分成不同小组完成。	每个小组完成的任务、采取的方式是不同的。
主题来源与实施过程	一是学科或领域；二是社会生活事件和幼儿自身的生活事件；三是人们专门提炼和概括的过程、原理或变化规律；四是文学作品。	由幼儿的经验、兴趣决定，包括幼儿引发的主题和教师引发的主题。

那么,"来做一把油纸伞吧"到底符不符合"项目活动"的内涵要义呢?让我以这本书中的两个例子来说明:

(1)自制的伞面为什么容易塌?

孩子们利用木棒、卡纸、竹棍、吸管等来探索制作一把油纸伞,制作后纷纷互相展示,但发现没多久,伞面就塌掉了,有的破了,有的还直接分成两截,孩子们都很纳闷,一直想要修复,但问题始终没有解决。教师在小组讨论时,延续此话题,提出"如果我们再做小伞,怎样才能让伞面既能撑起来不塌,又不会断开呢?"引发孩子们热烈的讨论。孩子们再次观察收集来的油纸伞,触摸感知,汇总信息:要有伞的骨架,没有骨架就容易塌;黏合的胶不能用胶水和双面胶,连接不牢固;伞面下面要有很多长骨、短骨来支撑才能让伞面打开……再次制作小伞时,孩子们按照刚才的建议尝试制作牢固的伞面,有的孩子用了火柴棒做伞骨架,有的用牙签来做长短骨,有的借来老师的胶枪来固定连接,有的用超轻彩泥来固定,有的甚至还研究伞面的材质,将软纸伞面替换成了不织布伞面、纸板伞面等。经历了这一过程,孩子们发现:伞面的牢固与稳定是与它的材质、伞骨架、连接材料与连接方式等密切相关的,所以要想不让伞面塌掉,需综合考虑这些因素来解决。

(2)怎样让小伞自如开合?

有一些小组的幼儿对"怎样做出一把能开合的小伞"非常感兴趣,但对于开合结构与功能实现之间的关系不明确,因此他们经历了从伞不会开合—探索制作影响开合功能的关键部位"下伞托"—实现半开—关不上—能自如地开合,这一过程浸润着孩子们无数次的试误与问题解决，遭遇了许多的失败与挫折。其中有一个叫浩浩的小朋友，他做到第10把时才成功。在此过程中，教师也不是无所作为，而是选择相信孩子是有能力的问题解决者，全程追踪观察、倾听孩子们的想法与发现，适时参与讨论，更通过驱动性问题的提出，为幼儿同伴间的对话与合作留下充足的时间，并提供多元的物质材料支持等等，让孩子们用自己"一百次"的实践经历不断求实、验证，找到星星点点关于问题解决的方法，汇集成丰富完整的实操经验，也让他们在探究中实现深度学习与发展。

从上面两个例子中，可以看出同样的模式：孩子们先对某个问题产生疑惑，然后师幼一起讨论、分析与界定问题，教师创设支持性的学习环境，进一步引导幼儿明确自己探究的目的，自主探究解决问题。这样的历程符合项目活动的几个关键要素：问题驱动、持续探究、小组合作、整合学习、成果展示等。

2. 在项目活动中，教师的角色定位是什么？

当我们看到项目活动的成功，在为孩子们欢呼雀跃的同时，也深知教师功不可没。教师在项目活动中的角色定位是什么？是否可以介入？何时介入？是否可与孩子们一起探索？等等。这些问题时常牵动着一线教师的心。从上述本书中的两个案例可以看出，教师所扮演的是一个"脚手架（scaffolding）"的角色，既要分析、明确项目活动蕴含的教育价值，例如，"孩子的已有经验是什么""可能获得的新经验在哪里"，动态设计课程，又要将观察作为项目活动开展的起点和终点，在幼儿解决问题的"困难时刻""高光时刻""节点时刻"给予提问、共情、材料、时空等各种支持，关注小组和孩子个体在探究学习中的需求和兴趣，让孩子们去突破自己解决问题的瓶颈，持续坚守自己的探究方向，当孩子们的经验、能力逐步发展时，教师逐渐减少支架，将探究的留白给到幼儿，让幼儿亲身经历问题解决计划、思考、执行、总结与展示的过程，体验探究学习的情感，发展创造性、批判性、反思型等思维能力，及与同伴协商合作、团结友爱的社会性品质。

这本书提供了项目活动开展的诸多宝贵、丰富的经验，这一嵌入至教育实践过程的研究，能帮助教师更多发现与了解幼儿，激发教师主动反思自身教育行为，调动教育支持，体现了教师的专业思考与智慧，有效推动教师专业发展与园所课程质量的提升，这些都值得幼教同行们参考学习。

最后，很感动于朱丽芬、林娟、林晓红等诸多一线的老师如此全情、用心投身教育实践研究，很感谢朱丽芬、林娟老师与我分享这些教育故事，让我们一同静下心来，将研究的视野落在幼儿园保教的日常时刻，一同述说和分享教育研究故事，期待福建省幼儿园不断涌现出这样的教育研究案例！

彭琦凡

福建省幼教培训中心主任、教授

2024 年元月

前 言

当前，有关深度学习的研究已然成为教育变革的重要课题，培养学会学习、具有良好的问题解决和高阶思维能力的人才成为全球的共识。项目活动作为幼儿园重要的课程样式，其自主性、开放性、探索性的特征与深度学习理念十分契合，是引导幼儿实现深度学习，培养问题解决能力的重要途径，而幼儿项目活动中的深度学习的实现，则需要相应的教师支持。基于此，2011年起，我园将创设"丰富适宜的学习环境"作为"理解回应幼儿学习方式特点"的重要策略，持续开展幼儿项目活动质量提升的行动研究。本书《来做一把油纸伞吧——幼儿项目活动中问题解决经验的建构》就是我们行动研究进程中的重要研究成果，也是福建省教育科学"十四五"规划2022年度专项课题"深度学习视野下的幼儿园项目活动支持策略研究"（项目编号：FJXCZX22-414）、2023年度福建省基础教育课程教学研究立项课题"深度学习视野下的幼儿园生活化项目活动支持策略研究"（项目编号：MJYKT2023-172）的重要研究成果。

油纸伞是福州的三宝之一，福伞基地就在三坊七巷中，是我园一公里以内的优质课程资源，便于幼儿在与丰富的资源环境互动中生发有意义的学习。幼儿伴随探究历程陆续涌现出许多有意思的问题：真正的油纸伞是什么样的？怎样让伞会开合？下伞托是什么样的？伞的各零件之间有什么关系？如何选择有效的固定连接方式？等等。那么，如何支持幼儿在项目活动中探究解决问题，获得有关情感、态度、品质、能力的学习与发展，是教师开展项目活动关注的重点。在理论研学中我们认识到，幼儿园的项目活动是幼儿围绕自己感兴趣的主题，以真实的问题驱动为导向，以持续性探究为中心，在教师的支持下，通过与同伴的合作探索、讨论思辨、协构新知，逐步建构整体、联系的经验，逐渐发展成为具有独立性、批判性、创造性同时又有合作精神的学习者。那么，教师在幼儿项目活动过程中该如何支持幼儿发现问题、分析问题、解决问题，实现核心素养的发展呢？

在这本书中，我们可以看到教师以积极的情感倾听理解儿童，鼓励儿童学习解决问题的方法；以问题解决为线索，动态化引进家社资源，促进幼儿深度探究；以同伴合作为支撑，激发幼儿自主调研，建构经验，实现问题的解决和全面发展。

积极的情感支持。幼儿在科学制作项目活动中全身心投入，这既是学习者大脑内部信息加工的过程，也是一个充满着情感、意志、精神、兴趣的过程。教师的情感支持能够影响幼儿在活动中的情绪，帮助幼儿不断形成积极主动的学习动机、坚强的意志品质，进一步促进问题的积极解决。案例中，教师总是以欣赏的眼光看待每一位幼儿，尊重他们的作品与表达方式。教师还共情卷入开合伞的制作过程，在自己亲自动手制作一把开合伞的体验中感知幼儿的制作困难、思辨过程、情感意志，像朋友一样与幼儿对话，这一嵌入教育实践过程的交流，能帮助教师更多地发现与了解幼儿，聆听幼儿的声音。

家园社的合作共育。幼儿沉浸于项目探究的真实情境,在丰富的环境资源互动中解决问题。教师追随幼儿的探究需求,积极寻找周围可获得的资源,以支持幼儿在富有变化的活动资源中自由选择、自主探究、自由创造。在制作开合伞的项目活动中,教师带领幼儿通过与家长互动调研收集有关信息,组织幼儿通过班集体参观、家庭参观等方式,对福伞基地进行走访、观察、访谈,记录收集了大量有意义的信息。教师还向福州油纸伞技艺传承人严磊师傅说明本阶段幼儿感兴趣的话题,谈及希望获取到哪些知识等,这确保了社区资源的深度运用。当家庭、社区与幼儿园的教育行径相一致时,家园社三方的相互配合便构成了一种和谐的互动关系,实现一致的育人方向。

同伴间的共构学习。幼儿在项目活动中与同伴积极交互表达自己的设想与意见,倾听理解他人的想法,接纳他人的建议,建立共识。有时,他们会讨论一个共同的问题,不断碰撞火花、澄清观点,进行评价反思,促进自我元认知的发展。在合作完成同一挑战性任务时,他们能通过协商讨论、分工合作、整合资源等方法解决问题,实现意图,共同创造。同伴在共同查找资料、合作探究制作开合伞过程中,能互相尊重、接纳、学习,促进新经验获得与分享。

此外,教师基于幼儿的探究活动的需要,给予了充足的时间和灵活的空间,逐步丰富各类多元的材料与工具,支持多渠道表达与表征,促进幼儿持续、深入的探究学习。

最后,本书的出版要特别感谢福建幼儿师范高等专科学校校长林伟川教授,福建省教育学会幼儿教育委员会理事长陈峰教授,福建幼儿师范高等专科学校副校长陈凤玉教授,福建省幼教培训中心主任彭琦凡教授，福建幼儿师范高等专科学校学前教育学院院长吴丽芳教授，福建师范大学学前教育系副主任郑敏希副教授，福建幼儿师范高等专科学校教师教育发展学院副院长许冰灵老师，福建幼儿师范高等专科学校发展规划处副处长杨佳老师，福建幼儿师范高等专科学校教师教育发展学院师训科科长鲍钰清老师，福建幼儿师范高等专科学校学前教育学院教研室主任管琳、陈莹老师等专家对福幼二园项目活动的关注、欣赏和指导。感谢福幼二园保教主任朱丽芬老师对项目活动全程的悉心指导与倾力组织，感谢朱丽芬、林娟老师付出大量的心力进行过程性的记录、分析与梳理；感谢林娟、林晓红老师的辛勤实践与全程参与；同时也感谢幼儿园管理部门、班级幼儿与家长对活动的大力支持和热情参与；感谢研究团队中的每一位成员对项目活动的深刻领悟与孜孜追求。

因为有你们，这本书才能从最初的探索到逐步成型，并与大家见面。我们深知，该案例的呈现和梳理还有诸多不够完善的地方，也恳请各位专家和同行阅读后给予斧正！

福建幼儿师范高等专科学校附属第二幼儿园园长

吴丽珍

2024 年元月

缘 起

一、我们喜欢油纸伞

在爱家乡的主题活动背景下,大三班的孩子们走进三坊七巷参观,其中美丽的福州油纸伞给大家留下了深刻的印象。

"这些油纸伞好漂亮啊!上面有美丽的牡丹花……"

"我家里也有油纸伞,我还穿着汉服撑着油纸伞拍照呢,像仙女一样。"

"我知道,油纸伞是福州三宝,还有牛角梳和脱胎漆器。"

"古代人在下雨的时候就是撑油纸伞出门的,又漂亮又能遮雨,太神奇了。"

"油纸伞里面有好多竹子哟!"

……

教师鼓励孩子们共同收集各种油纸伞带到班级继续讨论与欣赏,很快,班级里就收集到了十几把的油纸伞。教师将这些大大小小的油纸伞在班级布置了一个展览区,有的悬垂,有的撑开错落排列,有的摆放在展架上,孩子们常常来到小展区欣赏和观察。

小颖抬头望着悬垂的油纸伞说道:"油纸伞上有许多漂亮的图案。你看,这是梅花,这里还有房子和燕子,那是三坊七巷吗?"

馨馨拿起地上的一把油纸伞,高高举起:"油纸伞圆圆的,像个大蘑菇。小屹,快到我的蘑菇房里来。"小屹欢笑着和馨馨一起躲到伞下。

浩浩慢慢撑开伞，没使上力气，伞面又合拢了起来。他轻轻地撑开又合拢，一旁的峥峥开心地说："它好像在开花！"峥峥帮助浩浩用力地将伞打开，只听"叭"的一声，竹跳子[1]撑开了伞面。浩浩观察竹跳子部位，说："这个是开关。"他旋转伞面，欢呼道："变成伞花啦！"

诺诺将油纸伞轻轻靠在肩上，提起小裙子，沉浸在优雅的姿态中。

玥玥一边欣赏着油纸伞一边说："油纸伞真漂亮，要是我也有一把油纸伞就好了。"

小谕："我家里还有一把油纸伞，是我上美术课的时候画的，那把送给你。"

教师想了想，问："你们喜欢油纸伞吗？""喜欢！"

教师："我有个想法。我们在班上自己做一把油纸伞，你们觉得怎么样？"

小高："真的吗，太棒了！我可以去找卡纸和竹子做油纸伞。"

小栩："还要找些透明胶粘住。我也要做伞。"

馨馨："老师，我们一起来做伞吧！"

他们迫不及待地想要到班级中寻找一些材料，动手试试呢！

---

1 竹跳子：是由竹子制作的，位于伞杆之上用来固定伞面。它呈三角形，按下去时伞就可以收拢，撑开时，上面宽的部分顶住下伞托，伞就撑开而不会掉下来。

二、教师的思考

我园地处三坊七巷附近，大部分孩子的家就在周边，他们常常到三坊七巷游玩观赏，长久以来感受到其文化气息。因此，他们对于福州三宝之一的福州油纸伞的历史文化和制作工艺都略有耳闻。当我们向孩子们提出能不能一起去探索近在眼前的油纸伞的秘密时，孩子们热情高涨。但是，这样一处近在咫尺的社区资源，如何成为课程中的珍珠呢？我们也在苦苦地思考。幼儿园的项目活动，注重幼儿在与丰富的环境资源互动中解决问题。三坊七巷包含着丰富的文化、物质、人力等资源，能为幼儿的项目探究提供直观的感知体验、实践操作、专业知识引领的机会。有这样一处宝贵的资源现场，教师不用绞尽脑汁设计些看不见摸不着的课程内容，可以随时带领幼儿走进现场，在体验式学习中习得经验。

一同走进三坊七巷　　　　好多漂亮的油纸伞啊

大班幼儿逐渐对有一定挑战性的内容或问题表现出探究兴趣，喜欢关注事物的变化、细节特点与功能等，并且大班幼儿抽象逻辑思维有了一定的发展，具有较强的动手能力。因此，鼓励孩子们一起探索制作一把会开合的油纸伞，不仅能激发他们的好奇心，还能增加他们动手动脑的热情，让他们自主提出想要探索的问题，寻找解决探究问题的方法。孩子们还可以从社区、家庭及各类人员中挖掘更多元的资源获取经验信息，在探究中发展思辨能力和积极的情感体验。制作油纸伞的探究之旅将会如何呢？我也不知道，但我相信，孩子们一定会积极参与同伴间的交流合作、对问题的思考、对材料资源的收集、对信息的讨论分析，享受探寻油纸伞秘密的有趣学习之旅。

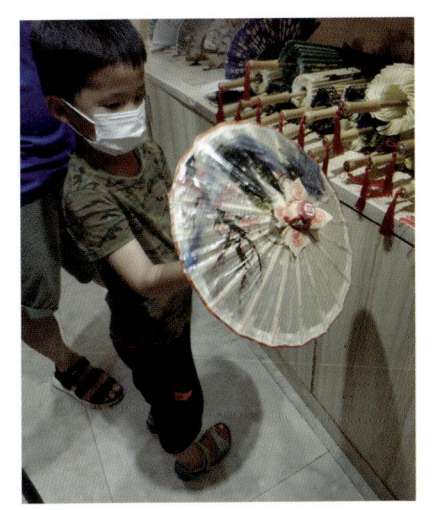

打开油纸伞看看

我找到了关于油纸伞的知识

第一次做伞：看起来很简单，做起来不容易

试着做一把像伞的伞

馨馨在美工区里找到了一张黄色卡纸，徒手画了一个圆："这是油纸伞的伞面，上面有漂亮的图案哟！"说着绘起喜欢的图案。她又找来各种各样的亮片，小心翼翼地剪下双面胶，将亮片固定在伞面上，花了较长的时间把伞面装饰得很精致。馨馨满意地沿圆边剪下伞面。接着，她剪了一截双面胶包裹连接两根竹筷，撕下白色背胶，伞杆就做好了。馨馨看了看材料和小伞，拿起泡沫胶，剪下一截摁在伞中心，撕下它的背胶，胶粘了些在她的手上："好黏啊。"馨馨轻轻取下粘在手上的胶后，小心翼翼地将竹筷摁在泡沫胶上。她举起小伞，开心地向大家展示。

馨馨："老师你看，我的油纸伞做好了。漂亮吗？"馨馨很满意地展示着。

教师："确实很漂亮哦！画的是什么啊？"

馨馨："是公园啊！你看，太阳、花朵、蝴蝶是我用亮片粘上去的。"

得到老师的肯定后,馨馨又拿着她的小伞给好朋友们欣赏。

馨馨拿到小屹面前:"这是我今天做的。"

小屹拿着她的小伞看了看,问:"你的筷子是怎么粘上去的啊?"

馨馨指着连接处,说:"用泡沫胶啊,这个很黏。"

馨馨拿着小伞继续与其他同伴分享。

绘画、粘亮片装饰伞面　　漂亮伞面的油纸伞做好啦

馨馨制作了一把有伞面与伞柄的小伞,她比较关注伞面的装饰效果。伞面的装饰内容反映了生活主题,但她对油纸伞的结构特征没有太多关注,她的油纸伞结构主要体现伞面和伞杆两部分。制作时,利用的工具材料多为生活中较常使用的双面胶和泡沫胶,用其来实现固定连接。

龙龙从A4纸上剪下一个不规则的圆形，拿起勾线笔沿着圆边描了一圈波浪线，并在中间随意涂鸦了几笔做装饰。他将三根竹筷合拢并齐，剪了一段双面胶包裹筷子成伞杆。接着，又剪下一截双面胶粘在伞面中心处，撕开背胶后就将筷子粘上。龙龙轻轻地立起小伞，伞面很快倒塌了。他剪了更长些的双面胶包裹住竹筷的一头，在伞面中心处又补上一块双面胶，然后对准粘上。龙龙向老师展示他的小伞："我的伞做好了。"还不忘用手将伞面扶一扶，往下拢一拢。

龙龙观察到油纸伞是由伞面与伞杆组成的，以线描画的形式进行伞面装饰。在制作过程中主要迁移以往经验，使用双面胶进行一些结构部位的连接，例如，包裹三根竹筷变成伞杆，连接伞面与伞杆等等，还关注到结构连接的稳定性。

画个"圆"剪下当伞面　　双面胶黏合的伞

涵涵在卡纸上徒手剪了个圆，在中心处粘上一大块黏土。老师好奇地说："为什么要拿一块黏土放在这里呢？"涵涵拿来一根粗吸管立着插在黏土上，边操作边说："要把吸管粘上去。""黏土可以固定东西啊？""对啊。"他找来4根一样长的细吸管，较均匀地分布在伞面上，一头固定在中心黏土处，一头往伞面外延伸。

拼插好后涵涵看了看，发现外围的细吸管翘了起来。他取来一些黏土搓成长条，围合固定住外围处的伞骨。很快，中心处的细吸管也翘了起来，他又取些黏土固定。

涵涵将小伞举起，发现有些倾斜，伞杆已经穿透黏土了，他继续补给中心处的黏土。

最后，涵涵在伞面的反面用黏土粘了一个瓶盖。老师问："用瓶盖做的是什么呢？"涵涵回答："油纸伞的头都有这个突出来的地方。"老师追问："做好了吗？"涵涵一边粘紧黏土一边说："等黏土干了就做好了。"

涵涵对于油纸伞结构的认识与他人有所不同，他不仅关注到伞面与伞杆的存在，还发现伞是有伞骨和伞帽的。虽然对这些部位的结构认识还不是很清晰，但是在制作过程中体现出自己的初步感知。

在零部件的固定连接方式上，涵涵与其他人也有所不同。涵涵关注到黏土易取、柔软、易塑形、能固定的特性，在本次小制作中这些认识帮助他连接每一部位。

吸管做伞骨　　　　　　　　瓶盖做伞头

　　一凡在材料柜里找到一张花边纸，一根弯头吸管，几根一样长的竹签，一包黏土。她先在花边纸上绘画喜欢的图案，准备当伞面。接着，取了一团黏土粘在花边纸中心处，堆成一处小土堆。再找到弯头吸管的直管处，立插在黏土上当伞杆。她拿起4根竹签，看了看竹签和伞面，将它们放在桌上。接着，她在每根竹签的一头都粘上一小块黏土。然后，一端靠在伞面上，一端斜立固定在伞杆上，用同样的方法将4根竹签包围固定在伞杆上，此时的竹签错落地依附在伞杆上。

　　一凡观察伞杆上的竹签，不时地用手摁一摁，试图将竹签粘牢点。她想了想，又找来许多的黏土覆盖竹签，直至不容易掉出来。逐渐地，黏土越补越多，已看不见错落的竹签，一大团的黏土像个小地瓜。老师不禁好奇起来，问："一凡，为什么要用这么多黏土啊？"一凡指着竹签回答："油纸伞上有斜斜的这个东西，它们都是固定在伞杆上的，用很多黏土它们就不会掉了。"最后，她剪了一片电光纸将黏土包裹，说："这样就看不见了。"

在花边纸上装饰伞面　　关注伞的短骨

　　一凡能够细心观察，关注到伞中有短骨的存在，并拿来材料比对感知到它的形态特征。

　　无论是涵涵呈现的长骨，或一凡呈现的短骨，这些都体现出孩子们开始能自己针对问题进行比较、分析、迁移经验解决了。

伞面怎么塌掉了

孩子们"撑"着自制的小伞与同伴分享成功的喜悦。

龙龙:"你看,我的伞能撑起来呢!"

馨馨:"我的伞最漂亮!"

话音刚落,馨馨的伞面开始倾斜,她连忙扶正,却又倒向了另一边,只听"铛"的一声,伞面掉到了地上。她连忙捡起来粘上,试了几次无果。

龙龙看了看自己的小伞,一边用手轻轻摁压伞面与伞杆的连接点,让它更牢固些,一边说:"没关系,多粘点泡沫胶伞面就不会倒了。"

一凡连忙出主意:"用超轻黏土固定吧,我用了这么多的黏土插吸管和竹签,就不容易掉了。"

越来越多的小朋友向老师分享自己伞面倒塌的现象。游戏回顾中,老师组织幼儿就这个话题进行讨论:"伞面为什么会塌掉呢?"

本阶段中,幼儿都是先做伞面,再逐步添加伞骨、伞杆等部分,制作的是一把撑开的小伞,因此很关注伞是否是撑开的状态。

一些小伙伴提出了自己不同的看法。

涵涵:"他们这些伞没有伞骨架,所以会塌掉。我用吸管做伞骨就不容易塌了。"

小诚:"对啊,油纸伞是有伞骨架的,就像我们人有骨头才能站立。"

一凡一边展示着自己的小伞,一边轻轻地拨起四面往下塌的花边纸说:"我的伞也有伞骨架……"

涵涵:"但是,你的伞面也塌了啊!"

老师追问:"那有什么办法能让伞面不塌掉又牢固呢?"

小奕:"透明胶、双面胶用得多一些。"

小谕:"用黏土很方便固定,每一个连接的地方都要用黏土固定就不会塌掉。"

一凡:"伞面要用很多竹签撑住才不会塌。"

浩浩:"用轻一点的东西把伞面撑开,不要太重就不会塌掉了。"

馨馨:"还可以用胶枪固定伞杆,我看到老师用胶枪粘东西非常牢固。老师,你帮我固定一下筷子吧。"

馨馨在老师的帮助下,用热熔胶连接伞面和筷子,更

教师关注到幼儿自制小伞出现的问题,引发幼儿讨论与思考:如何让自己小伞的伞面是撑开状态又不倒塌呢?幼儿结合日常生活经验与自己的思考做了积极的猜想。比如,他们发现固定连接的方式很重要,伞面是需要有伞骨才能撑开等等。这为之后探索油纸伞的稳固性奠定了基础。

牢固了些。其他的伙伴也纷纷效仿。

用热熔胶试一试　　　　伞面好像更牢固了

小伞为什么不好看呢

孩子们制作好的伞陈列在展示柜上,他们常常一边欣赏一边交流。一天,老师听到孩子们的一些讨论……

馨馨:"我最喜欢这把紫色的伞,有漂亮的图案。这把伞白白的不好看,油纸伞都有画漂亮的图案的。"

小彦:"我做的伞最好,我还在伞面上粘了一层玻璃纸,可以防水呢!"

小颖:"我的小伞有手柄,可以拿着撑,真像一把真的伞。"

浩浩:"你们都做得不像,油纸伞是有伞骨架的,你们的没有!"

涵涵:"有啊,我用吸管粘了很多伞骨架。"

浩浩:"可是你的伞骨架露到伞外了啊,不好看。小心会伤到小朋友。"

教师:"你们觉得什么样的伞做得最好看?"

幼儿从关注伞面的装饰效果,到逐步关注自己的小伞做得好不好、像不像一把真正的油纸伞。在讨论交流中我们发现,幼儿开始从关注真正的油纸伞是什么样的,到联系它的功能,在对比观察中逐步发现自制伞与真伞之间的区别。这一认知冲突引发幼儿重新审视油纸伞,初步关注它的结构与功能之间的关系。这样的思考也激发了他们持续探究、解决问题的热情。

浩浩:"伞骨架不能突到伞面外的。"

小彦:"伞面有图案的伞最好看。"

小诚:"能够撑开的,不会倒也不会塌的伞最好看。"

淘淘:"要做一些伞骨架,直直的、斜斜的,这些都要有就很像。"

佐佐:"要做大的伞,真的伞都是很大的。"

教师:"你们做的这些伞呢?""挺好的。"但孩子们又有些失望:"好像又不够好。"老师追问道:"为什么不够好?"

小屹略显尴尬地笑着说:"我不知道伞骨架是什么样的,做不出来。"

淇淇:"我一直画一直画也画不圆啊。"

均均:"我知道,可以拿个碗盖在纸上,就可以画得很圆。"淇淇瞪大了眼睛,似乎想到了什么。

小彦:"我用了很多透明胶固定伞杆,伞面还是摇来摇去的,不知道该怎么办。"

龙龙:"我的伞面撑不开,老是塌下来。"

小栩:"我们的伞都很小,会被淋湿的,油纸伞很大。"

涵涵拿起自己的伞，贴在耳边，调皮地说："你看，我的伞可以遮住耳朵。"逗得大家哈哈大笑。

馨馨："要是能做大一点的伞就更好了，可是班级里的材料不够啊！"

……

小伞展示区

撑伞咯

教师手记：别小看做伞这件事

当我们共同收集了制作一把伞可能需要的材料后，孩子们在区域游戏中自主选材、积极动手，制作各种各样的小伞。刚开始，在经历制作一把漂亮的小伞过程中，小组幼儿互相观摩交流，他们发现了一些问题：什么样的小伞才好看？伞面为什么会倒塌？要怎么固定连接伞面和伞杆？他们不再满足于只做一把简易的伞，开始思考这把伞做得像不像、好不好，探索伞面与伞杆连接的方法，使伞更像伞。这个过程很漫长，但由于班级氛围较宽松、灵活、自由，进一步促进了孩子的自主学习与探索发现。

孩子们从关注伞的外部明显特征到萌发探索伞的功能的愿望，令我们欣喜，但同时也令我们有些担心。如何做一把真正的油纸伞呢？老师们心里没底，但我们始终关联思考项目活动之于幼儿核心素养发展的价值，重视孩子们探究体验的过程，而非结果。这样的思考让我们沉下心来，认真反思孩子们提出的问题。结合学习环境核心理念的内涵解读，我们更应该关注、重视对幼儿的观察。因此，我们耐心等待，用欣赏鼓励的态度去引导每位幼儿将自己的关注、经验迁入制作过程中，并在其中实现经验的更新与重组。教师可在以下方面提供学习环境的支持：①在时空方面，教师应基于幼儿游戏需要，给予充足、连续的探索时间。整体规划，设置大小适宜、功能灵活、动态可变的游戏空间。②在材料设置方面，可引导幼儿共同收集种类多元的材料，这些结构适宜的材料能为幼儿提供更多的再造和想象的空间，促进幼儿项目活动中的主动探索与学习。③在幼儿的探索中，创设蕴含问题的环境对支持幼儿项目中的深度学习有着重要的作用。教师要与幼儿共构"问题链"，挑战幼儿认知冲突，提出质疑，促进幼儿对项目中问题的再探究与再解决。敏锐捕捉幼儿在项目中的兴趣点与问题点，引发幼儿积极的讨论，促进新经验的生成。④用心接纳，敏锐捕捉，聚焦问题和创新点充分探讨，促进幼儿新经验的生成。⑤鼓励幼儿多元化地表达表征自己的探究与想法。⑥幼儿项目活动中的过程是充满情感、意志和兴趣的过程，教师要与幼儿共同学习探究，以情促行，营造积极的情感氛围，鼓励幼儿在充满人际互动的环境中学习与发展。

第二次做伞：我们不放弃

用什么材料会更好

游戏区里,几个小伙伴拿着自己的小伞,在材料柜里翻找着什么。教师觉得好奇,上前询问:"你们在找什么啊?"

龙龙:"老师,我想把伞面撑开,要找一些跟伞面差不多长的棍子。"

浩浩也叫了起来:"我需要一把钳子把一次性筷子剪断,但班上没有啊。"

佐佐一边比画着一边说:"我想做一把这么大的伞,可是这些纸张都太小了。"

原来,孩子们想要寻找更多元的材料制作心中的小伞,看来班级材料柜里的材料需要做调整了。于是,教师组织幼儿进行讨论:"我们还需要什么材料呢?"

龙龙:"我之前做的伞面一直塌,所以这次要做一些伞骨。嗯,可能棉签可以当伞骨。"

幼儿从原来随意连接材料制作小伞,到依据自己的需求来选择材料制作,关注到材料的适宜性。在探究伞的活动过程中,教师投放材料不可一成不变,或凭个人臆想而投放,而应时刻追随幼儿的探究需求动态发展变化,适时地调整、增添,甚至与幼儿一起收集,才能更好地支持幼儿持续、深入的探究需要。

小奕："还可以找一些竹子、树枝当伞骨。"小颖接着补充道："冰糖葫芦的棍子很长，也可以拿来当伞骨。"

馨馨："我觉得要在材料柜里放一些胶枪和热熔胶棒，这样小朋友就可以自己拿来固定了。"

绘绘："可以买一点狗皮膏药。我家的狗皮膏药特别黏，把它固定在伞上肯定很牢固。"

小曦："我想和佐佐一起做大伞，要找一些超级大的还能防水的纸。"

小高："电光纸也很大还防水，资料室有，我上次做手工的时候借过。"

浩浩："找一些钳子、大剪刀、锯子，它们能剪断筷子，要多长就能剪多长。"

孩子们纷纷在记忆中搜索生活中有可能用来制作伞面、伞骨的材料和工具。

教师："这些材料怎么拿到呢？"

"我家里有。""去资料室找张老师拿一些。""去公园玩的时候找一找，捡一些树枝带来。""吃剩下的冰糖葫芦棍子不要丢，洗干净了收集起来。"孩子们纷纷表达自己寻找材料的方法。

教师:"看来,需要齐心协力收集更多的东西支持我们做伞。那么,这些材料怎么帮助我们做出一把更好的伞呢?"

妍妍:"我想拿一把真正的油纸伞来观察,它能帮助我把伞做得更好。"

这一想法得到大家的认可,许多小朋友表示愿意带来班级分享:"我家有油纸伞,可以带来给大家观察。""我也要带来。"……

小语:"大家把材料都带来,放到材料超市里一起用,就可以多试几种,这种材料不行再换一种,就会越做越好。"

第二天,孩子们带来了真正的油纸伞、树枝、筷子、膏药、防水广告纸和一些工具。教师和幼儿一起将带来的油纸伞进行悬垂布置环境,或投放在观察区方便幼儿自由取放,将一些材料工具进行分类、整理、摆放,活动室里"探秘油纸伞"的项目活动区就创设起来了。它包含观赏区、操作区、材料柜、作品展示区、经验分享墙等。为满足幼儿持续探究的需求,我们还设置了"未完成作品区""待修

当幼儿积极参与材料收集时,俨然体现出他们对以往生活经验的积累与借鉴。在这里,他们可以随时与教师、同伴探讨、验证材料的适宜性,这些使用材料、工具的经验也将永远地留在孩子们的记忆里,让他们获得自主学习的宝贵体验。

补作品区"等。在这里，我们发现幼儿取材更加方便、自由、自主，有意义的学习正悄然发生。

项目活动背景下的班级活动区域

有经验才有学习、调整，这是孩子们在项目活动中自然发展的过程。教师很重要的任务是创设各种环境支持幼儿通过不断尝试自主探究解决问题。当这些隐藏的材料、工具、经验被幼儿发现或使用时，就体现出了教师教育意义的转化实现。

操作区材料清单

项　目	材　　料
主体材料	制作伞面的材料：电光纸、彩泡纸、毛黏布、塑料袋、玻璃纸、彩卡纸、花边纸、大的防水广告纸等。 制作伞骨的材料：各种筷子、烧烤竹签、小木棍、棉签、各种吸管等。
辅助材料	用于固定的材料：大小型号的透明胶及胶座、双面胶、泡沫胶、药膏贴、固体胶、纸胶、热熔胶、胶棒、黏土、毛根、毛线等。 工具：剪刀、十字螺丝刀、一字螺丝刀、钳子、锤子、卷尺、软尺、圆规等。 其他：勾线笔、水彩笔、油画棒、A4纸及其他各种纸等。

在项目活动背景下的班级区角环境中，材料以能支持幼儿多元探究的低结构性材料为主，关注不同个体水平幼儿的需求，具有一定的层次性。在呈列方式上，师幼共同协商，按其功能进行分类摆放，如有制作伞面的材料、制作伞杆的材料、用于固定的材料和工具等等。这样有助于幼儿更好地比对观察，从而挑选出适合自己制作所需要的材料。

你可以和我一起做吗

区域游戏活动时间,小颖在材料柜里翻找着什么,显得有些不知所措。这时,一旁的玥玥取了一些棉签、长竹签和筷子,在卡纸上比画着。见状,小颖也取了相同的材料,跟着玥玥来到操作桌前。小颖学着玥玥的样子剪了一个圆形卡纸,在中心处粘上黏土,打算放射状展开固定。玥玥看了看小颖,笑着说:"棉签也可以用透明胶固定。"小颖不好意思地问:"我不会……你可以和我一起做吗?"玥玥爽快地答应了。

小颖高兴地问:"我可以做些什么,需要找什么材料吗?"

玥玥想了想,说:"你去找一把剪刀和透明胶,我们把这些棉签都粘在伞面上。"玥玥将棉签放射状地围绕伞中心摆放,小颖剪下一截透明胶递给她,两人互相配合着完成了粘贴。

小颖:"用什么做伞柄呢?竹签怎么样?"

小颖看着其他小朋友自己动手制作小伞,也萌生了想要制作的愿望。碍于第一次制作没有经验,她选择了和同伴一起合作。她邀请玥玥共同合作,获得成功,让她很有成就感。

玥玥拿起竹签试了试,又拿起筷子比了比,问:"我们用竹签试一试?"

小颖:"好,用泡沫胶固定吧。"

玥玥取下一段泡沫胶粘贴在伞面上,小颖对准后插上竹签。她们轻轻地举起小伞,伞面掉了下来。小颖一边叫着"掉了掉了,太细了",一边捡起伞面。

玥玥看了看手中的竹签,换成了筷子,再一次尝试拼插在伞面上。为让连接更牢固些,她们找来黏土在连接处进行包裹固定,一把小伞就完成了!小颖开心地撑着小伞,跑来找老师,自豪地说:"老师你看,我和玥玥做出了一把伞。"

> 玥玥有一定的制作经验,负责确定顺序、选择材料、动手操作,而小颖也是善于观察、主动沟通、积极思考的孩子,在寻找材料、传递工具、提出建议等方面起到了重要的作用。

小伙伴们共同协商制作方法　　共同合作与帮助

伞面翘起来了怎么办

这天,馨馨来到小屹跟前,商量着一起做一把伞。她们在材料柜里寻找材料,馨馨找来一些吸管和筷子交给了小屹,说:"我去拿一些卡纸和剪刀,你去拿点黏土吧。"

材料备齐了,馨馨在卡纸上徒手画了一个圆剪下,又画上精美图案装饰。小屹提议道:"油纸伞上有斜斜的伞骨,我们用吸管做斜的伞骨吧。"

馨馨:"可以啊!"

馨馨看了看伞面,估摸着剪下一段吸管,又估摸着剪下6根吸管,小屹学着她的样子做起另一把伞。随后,馨馨将一团黏土分成6块,较为均匀地分布在伞面上,接着将剪好的吸管插上。她慢慢地将吸管都聚拢到一起,但一些吸管很快断开连接,反复尝试后仍旧无法解决。馨馨看了看一旁的小屹,见她的吸管与伞面连接处固定时用的黏土量比较多,呈现出锥形的样子,也学着调整固定的黏土,让它更好地包裹吸管。最后，在吸管聚合处插上竹筷当伞杆，小伞就做好啦！

馨馨撑起小伞开心地欣赏着，伞面微微倾斜，她赶紧把伞面扶正。再见另一旁，小屹也在小心翼翼地扶着伞面。馨馨放下小伞，将所有连接处的黏土都压了压，试图让它们包裹得更牢固些。

过了一会儿，馨馨举着小伞沮丧地对老师说："它一直倒、一直倒。"

教师："为什么啊？"

馨馨显得有些不知所措："我加了很多黏土固定了，伞

想办法让吸管聚合　　　　　逐渐倾斜的小伞

面还是翘翘的。"

教师："没关系，可能黏土还没干，等它干了再看看。"

馨馨松了口气，将小伞陈列在展示区里等待着……

第二天，馨馨拿着小伞来找老师："老师，我的黏土干了，伞面还是翘的。"

教师："为什么呢？要怎么恢复啊？"

馨馨想了想，摇摇头。教师仔细观察馨馨的小伞，原来她剪的吸管有的长有的短。教师笑着引导馨馨观察自己剪的吸管。

教师："你到美工区找一把真正的油纸伞观察观察，看看它们的伞骨长度有什么特点，再看看你剪的伞骨有什么特点？"馨馨迫不及待地找来一把真正的油纸伞仔细打量起来，似乎明白了什么，拔下自己小伞上的吸管，说："老师，我拆了重新做。"

教师追问道："再做的时候要关注什么呢？"

馨馨："伞骨都是一样长的，我也要剪一样长的吸管。"

教师："嗯，要怎么剪出一样长的吸管呢？你也可以看看其他小伙伴是怎么做的。"

在探究过程中，幼儿常常会遇到一些困难或问题，但这些问题的归因是什么呢？有时孩子们较难进行界定与识别，这时，教师基于观察解读幼儿需求的引导提问、追问、讨论就显得尤为重要。这些策略能帮助孩子们寻找原因、识别问题，从而促进问题的解决。

馨馨开心地到材料柜里重新找来吸管,剪下一段后,其他几根依次与第一根吸管做对比,很快6根一样长的吸管就剪好啦!馨馨用同样方法固定连接,稳稳的小伞就做好了。

在教师的启发下,幼儿逐渐观察到油纸伞的伞骨是等长的,这样的发现更好地助推幼儿解决伞面翘起来的问题,也进一步激发了幼儿感知等长伞骨与伞结构稳定性之间的关系。

加了短骨的伞

均均和小谕打算用花边纸做一把大伞。他们将竹签十字交叉摆放在花边纸的中心，用双面胶固定，小谕用一团黏土将筷子伞杆固定在中心点。

小谕拿着其他的花边纸沿伞面比对了一会儿，决定摆放在四根伞骨处。他用黏土拓展连接了一张花边纸，并插上竹签延长原先的伞骨。一旁的均均有些着急："你这样才4根伞骨是不行的，伞骨要多一点啊。"说着，他拿来压舌板试图粘在两根竹签中间，但被小谕制止了。两人都坚持着自己的想法，迟迟没有动手。

教师："你们都可以尝试一下自己的想法，分开来做，说不准有不一样的收获。"这一想法得到了两个人的认可。

小谕在花边纸的边缘摆放了另外4张花边纸，并在上面用黏土固定延长了4根竹签，小心地用双面胶粘贴衔接处。然后，用黏土和竹签加长了伞杆。

均均则在十字交叉的竹签旁较均匀地插上4根压舌板，再用双面胶固定，这样就有8根伞骨了。接着，他也试图在花边纸旁围绕粘贴其他的花边纸来拓宽伞面，摆弄了一会儿，放弃了。老师："为什么不粘了啊？"均均："这些地方会有缝隙，不好粘，不要了。"他一边说着一边拿起找来的小竹棒在中心点处比画着。思索了一会儿，他找了一些棉签，在伞面与伞杆的衔接处多团了些黏土，围绕着伞杆较均匀地插上一圈的棉签，并将另一头用黏土包裹在筷子伞杆上。老师觉得好奇，追问道："这些棉签是什么呢？"均均笑着展示着自己的小伞，说："我看到油纸伞上有两层伞骨啊，这是斜斜的那一圈，短短的伞骨。"

小谕开始尝试制作更大的伞、能遮住自己的伞。他的想法激发了同伴尝试制作大伞的愿望。小谕与均均的制作体现了孩子们的制作经历，实现了从关注伞的外形结构到关注伞的功能与用途的进阶。这为之后制作中，进一步关注物体的构造与功能之间的关系奠定了基础。

双面胶固定十字交叉的伞骨　　制作大伞面　　试试做短骨

项目回顾中，小谕和均均向大家介绍自己的作品。小谕自豪地说："我做的伞很大，像真正的伞一样大，可以把我遮住。"说着，他抓住伞杆的连接处，轻轻地举起自己的大伞向大家展示。"哈哈，好大啊！""这里塌下来了。""那边翘起来啦！""小心，快倒了。""我也想做一把这么大的伞。"……在大家的讨论中，小谕笑着说："我拿回去再粘牢固些。"

大伞做好了

我的小伞有伞短骨，很牢固

均均也向大家介绍自己的伞："我本来也想做一把小谕那样的大伞，但是太难粘了。不过，我做的伞很牢固，而且很像，你们看。"均均将小伞旋转了起来。

教师："真的不会掉哦。怎么做到的呢？"

均均介绍道："我做了8根长长的伞骨。然后，我用棉签做了很多短短的伞骨。"

教师："你做的短短的伞骨是油纸伞的哪个部分呢？"

均均打开一把油纸伞，指着里面的伞骨向大家介绍自己的观察发现："我一直观察油纸伞，发现了油纸伞里面有这些长长的伞骨架和这些斜斜的短短的伞骨架……"

佳佳："我也做了短短的伞骨，用小木棍做的。"

小诚："我也用吸管做了。"

一些伙伴听了半信半疑、若有所思。"好像是哦！""我看看……""真的有啊！""我都没有注意到。"

教师："看来，我们对油纸伞的结构还不是很了解。油纸伞除了有伞面、伞杆，还有伞骨呢。油纸伞有几种伞骨？它们是怎么排列的？认真观察、了解油纸伞的结构，能帮助我们制作一把结构更完整的伞、更像的伞。"

均均开始关注油纸伞伞骨是长骨、短骨与伞柄相连组成的。他在反复的观察中，还发现真正的油纸伞伞骨是用竹子做成的。长骨用长竹子，它们与伞面直接接触，数量多为偶数，他还数了一把伞的长骨，有16根。短骨是用短的竹子，它们一头连接下伞托，一头连接长骨，牵引着长骨张开或合拢。这些观察发现很重要，影响着孩子们在制作过程中探索有关伞功能实现的问题。

教师:"那么,我们怎样更了解油纸伞呢?"

暖暖:"多拿一些油纸伞来给小朋友观察,还可以把它画下来。"

教师:"很好,可以做更细致的观察,并且记录我们的发现。"

小奕:"我想知道油纸伞上斜斜的伞骨叫什么名字,我可以上网去查资料。"

诺诺:"我以前在三坊七巷里买过油纸伞,那里的老板一定知道很多油纸伞的知识,可以让妈妈带我去店铺里问问老板。"

于是,孩子们纷纷加入油纸伞的调查活动中。

这两把伞的出现,引发幼儿重新审视自己制作的油纸伞,它的结构到底是怎样的呢?前期,幼儿对油纸伞的结构概念较模糊,有的关注长骨,有的关注短骨,有的虽然知道有两种伞骨,但连接状态不清晰。因此,在这次的分享中,教师提出像均均一样细致观察油纸伞完整结构的建议,为幼儿后续挑战制作功能更完善的伞助力。

再次观察调研油纸伞的秘密

孩子们将自己收集来的各种油纸伞摆放在室内区角的各个地方，在游戏、自由活动、午餐等环节中自由地观察、操作。有的反复打开又关闭小伞，想要了解伞骨的构造；有的用手抚摸光滑的伞面，仔细看上面的图案，特别好奇"为什么上面有一层油油的东西呢"；有的则对伞的下伞托与开关好奇不已，特别提出为什么按钮一摁伞就会关起来……老师提议大家把观察发现或问题记录下来或拍照，和小伙伴一起讨论。

寻找、分享油纸伞的发现

教师:"谁来分享关于油纸伞的秘密?"

均均:"我和妈妈上网找到一些资料,知道油纸伞的结构和名称。"均均将他找到的图片信息投放到一体机上,介绍着:"油纸伞都是用竹子做的,这些长长的竹子叫作长骨,这些短短斜斜的竹子叫作短骨。"

小栩边拿着油纸伞边对照着记录表,指着油纸伞顶部说:"这是伞帽,这片布叫作'领花',很好听的名字。"

小高:"我发现油纸伞都是竹子做的,连开关都是竹子做的,它叫'竹跳子'。"这一名称引起了大家的好奇:"为什么叫竹跳子啊?"小高蹦跳着一边演示一边说:"就是这

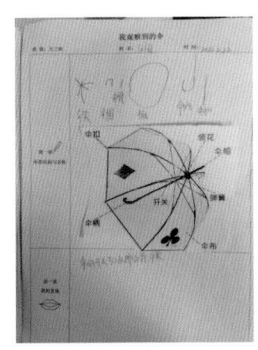

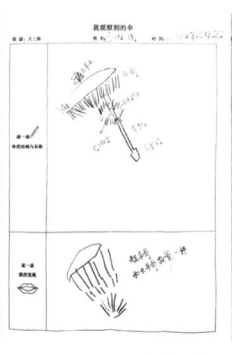

认识伞顶上的领花　　关于竹跳子的发现　　不一样的珠尾

教师进一步开放一日活动的时间,支持幼儿自由观察,鼓励他们将自己观察到的信息用记录、绘画、拍照等方式进行分享交流。他们可以完整介绍,也可以只介绍自己印象深刻的部分。透过不同幼儿个体的视角,让孩子们多元地了解油纸伞的完整结构与关键信息,让幼儿学会倾听、欣赏,同时在分享中肯定同伴的发现,体验愉悦的情感。

当大家的发现汇聚在一起时,就可以透过更多元的视角了解油纸伞的结构,为进一步探究解决问题奠定良好的基础。

样，跳进来跳出去。"然后，小高打开油纸伞，指着开关说："打开油纸伞的时候，这个开关的竹子是不是就跳出来了。关上的时候，它就这样跳进去了。"逗得大家哈哈大笑。

玥玥："我也有个发现。普通的伞有珠尾，油纸伞没有！""珠尾是什么？""我也找到了珠尾的资料。"玥玥拿起一把普通伞介绍道："就是伞边的这个珠珠，它可以把伞面撑开，保护伞骨。油纸伞就没有，因为油纸伞的伞面是直接粘在伞杆上的。"大家仔细看了看，觉得太神奇了。

孩子们纷纷将自己查找到的资料信息与同伴交流分享。他们发现关于油纸伞的信息有的是相同的，有的略有不同。比如，油纸伞的伞面顶部突出来的部分，有的说那是"伞头"，有的说是"伞帽"，还有的说那叫"上伞托"。它叫什么呢？其实老师也不知道，上网查找到的资料也是五花八门，难以识别。而且，在查阅油纸伞相关资料后，孩子们还迸发出许多的疑问，如：竹跳子是怎么做的；油纸伞的桐油是怎么来的，能用油漆或花生油吗；伞破了要怎么修……这些问题可难倒了老师们。

与同伴交流分享

结合记录表与实物进行交流

分析信息中的共性点

为什么不去问问做油纸伞的严师傅

经过询问社区工作人员，我们了解到，在三坊七巷的福伞店铺里有一位福州非物质文化遗产油纸伞制作技艺传承人——严磊。于是，我们拜访了严磊师傅。他热情地向我们介绍福州油纸伞的历史、制作工艺等。孩子们如果能来亲身体验，有机会与严师傅进行互动该多好啊！向严师傅表达我们的参观渴望及孩子们的探究热情后，严师傅表示很欢迎孩子们的到来，这令我们大受鼓舞。

这天，孩子们正交流着关于油纸伞的发现与想法，互相辩驳之时，老师提出："在三坊七巷里，有一位制作福州油纸伞非常厉害的人，他叫严磊严师傅。严师傅知道许多油纸伞的知识，他还是油纸伞制作技艺的传承人呢！要不，我们去问问他，或许在严师傅那里能找到我们想要的答案。"这一想法很快得到了孩子们的响应。

老师在班级群里向大家告知了关于福伞店铺和严师傅

通过与社区的联系，我们了解到在三坊七巷里有一位非物质文化遗产油纸伞制作技艺传承人——严磊师傅，他还有一个福伞基地。严磊师傅一家都是油纸伞文化及技艺宣传的热心人。得知这个信息，孩子们迫不及待地想前往调查，这也正合教师想要进一步拓展幼儿探究经验的心意。

的相关信息，并鼓励家长带着孩子们前往参观或采访。一些孩子开始行动了，他们陆陆续续将参观采访过程拍下了照片、视频或记录信息，带到班级里与大家分享。

问一问关于油纸伞的问题　　与爷爷做交流，验证自己的想法

懋懋："我见到了严师傅，他说油纸伞上面刷了桐油，可以防水。"

小致："我采访了福伞店铺里的老爷爷，他说做一把油纸伞要一个月的时间，好厉害啊！"

龙龙："店里有个小姐姐，她知道很多关于油纸伞的知识。她说在制作的时候，把做伞的棉纸朝同一个方向排列好，固定一个晚上就定型了。这样收伞的时候就都朝一个方向，整整齐齐的。"

严师傅很开心地回答孩子们的问题。孩子们也在自主调查走访的过程中体验到要做成一把伞的不易与付出。

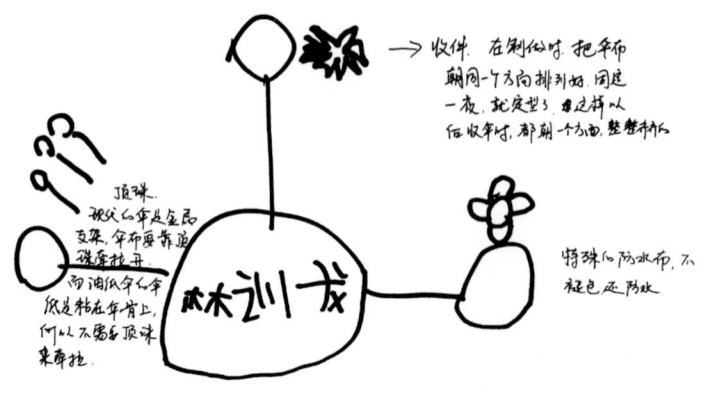

小朋友的采访记录

"我也好想去啊……"许多孩子提出也想前往参观采访:"老师,你带我们一起去吧!"教师:"好啊!"孩子们欢呼雀跃。

参观前要做哪些准备呢

去参观前,教师问:"我们要去参观了,你们想了解什么呢?怎么把了解的信息记录下来呢?"

小语:"把要问严师傅的问题记下来,参观的时候带去。比如说,我想知道伞的顶上那块布是叫'领花'吗,就把这个问题画下来去问严师傅。"

暄暄:"还可以把我们想要了解的问题记录下来,带到现场去参观。我最想看看桐油是怎么画到伞面上的,还有竹跳子是怎么做的。"

教师:"把问题记录下来,带上纸和笔去实地参观真是一个不错的方法。还有吗?"

均均:"我想用相机拍下看到的油纸伞制作过程。"

懋懋:"我想录像。呃……可以邀请妈妈一起去参观,用妈妈的手机录像。把学到的本领录下来,回家可以再看一看,还可以放在班上播放,跟小朋友分享我看到的。"

幼儿去参观油纸伞工作坊,是一次与油纸伞的亲密接触、调查学习、与人交流互动的好机会。因此,我们鼓励幼儿在参观前做好充足的准备,这些准备包括明确自己要看什么、问什么、记什么、如何获取自己想要的信息、怎么询问与记录等等。只有引导幼儿带着自己的计划去参观,才能让幼儿在这个过程中获得更多有益的收获。

教师："嗯，你的提议真不错，我们确实可以邀请家长义工跟着大家一起去参观。过程中，拍照和录像都能很好地再现我们看到的细节和过程呢！"

于是，老师在家长群里发出倡议，鼓励家长协助孩子带着问题前去参观调研，并邀请有意愿的家长共同参与。另一边，老师将小朋友们感兴趣的问题进行收集、分类、梳理，并反馈给严师傅，希望现场能依据幼儿的兴趣点与需求来设置参观环境和互动问题。可喜的是，幼儿园的这些沟通都得到了积极的回应与支持。

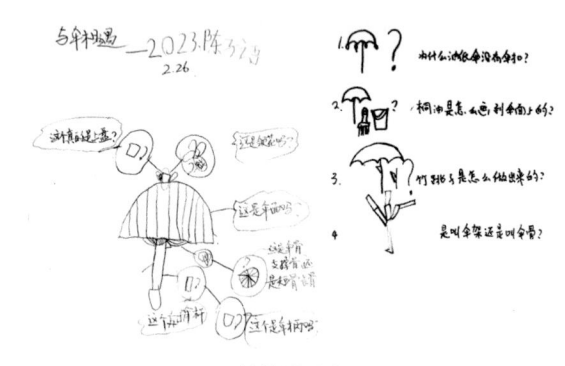

幼儿设计参观前的问卷调查

一起去拜访非遗传人、福州油纸伞制作人严师傅

到达严师傅的油纸伞工作坊，孩子们兴奋无比，他们迫不及待地观察环境里的各种物件，不时用手触碰。老师和家长们提醒幼儿将自己的发现及时记录下来，也可以提出自己的问题，或大胆说出自己的需求。

严师傅通过生动有趣的淋雨实验、抗风实验和棉纸拔河实验向小朋友们展示油纸伞的特性，领略竹子的韧性。在制作工艺欣赏中，竹跳子的制作方法与原理更是令孩子们惊叹不已。

整装待发来到"福伞"参观地

积极互动，自主探究

实地参访是幼儿在探究过程中获取信息资源的重要渠道之一，在项目活动中可能有多次参访，每一次参访都将是幼儿自主探究的过程，重点是幼儿通过积极与环境互动来获取信息。大班幼儿有较好的自主性及主动学习的意愿，教师通过社区资源的挖掘，鼓励幼儿用各种方式收集资料，获取信息，为幼儿提供观察、访谈、记录的机会。

关注自己感兴趣的问题与发现　　参与棉纸拔河实验互动

　　特别是在与油纸伞非遗技艺传承人严师傅的互动中，幼儿能依据事先的计划与问卷大胆地提问。

　　懋懋："严师傅，您好，请问油纸伞里的竹子是叫'伞骨架'吗？"他又指着伞头，"这是叫'领花'吗？"

　　"是啊。"严师傅指着其他零部件结构详细介绍道，"油纸伞都是用竹子做成的，但每个零件各不相同，作用也不同。伞骨还分为长伞骨、短伞骨，圆形的是上伞托、下伞托，还有伞杆、伞柄……"孩子们专注地倾听着，不忘将这些专业术语记录下来。"这块布不叫'领花'，它叫'四维方巾'。"这一信息可令我们大吃一惊，原来它大有来头。"伞顶的这块包布和古人头顶的束发方巾是一样的扎制方法，它不仅使伞头更美观，可以防水，整理出的四个边角还象征着'礼义廉耻'……"严师傅向小朋友们解释"礼义廉耻"的含义，它传递着中华民族的传统美德，希望小朋友们要多多学习优秀的传统文化。

严师傅也向孩子们提出了一些挑战性的问题。

严师傅："你们知道我做这样一把油纸伞需要多久的时间吗？""50天吗？""18天！""到底是多少天？"

严师傅笑着说："成功制作一把油纸伞需要一个月左右的时间。""为什么需要这么多天呢？""因为，制作油纸伞确实不是那么容易的，等会儿我介绍后你们就明白了。"

严师傅一边娴熟地从竹片上削下细长条制作成伞骨，一边向大家介绍道："这些伞骨需要从同一竹筒上削下来，给它们做标记。因为伞骨的排列顺序是有讲究的，要按照竹筒上的顺序给它们排好队，这样做出来的伞面才更紧密、平整、美丽。"伞托的制作工艺更是繁琐，给伞托开齿时得精准把握方寸之间的距离与深度，使其与长骨能一一对应。做好后还得经水浸泡一个星期的时间，伞托里的胶质与糖分才能溶解出来，这样伞托才不会开裂……严谨的83道制

认真倾听讲解　　　　　　提出自己的疑惑

与严师傅互动自己的探究点　　记录关键信息

作工序令孩子们惊叹不已，制作一把油纸伞是真的很不容易啊！

孩子们根据事先列的问题向严师傅提问：

"竹跳子是怎么做的，里面有弹簧吗？"

"可以用炒菜油刷在伞面上吗？"

"桐油是怎么来的呢？"

……

幼儿初期对油纸伞的结构与认知概念较模糊，带着对油纸伞的粗浅认识建立自己的制伞认知经验。当他们自己看到伞面和伞杆，再到发现伞骨，接着到关注伞托，最后到质疑同伴共享的信息观点时，对油纸伞的科学经验越加好奇，迫切想了解。

其间，教师创设了安全开放的探究氛围与环境，鼓励幼儿提出问题。伞架上的是什么？为什么叫竹跳子？这些问题生发于幼儿制伞的过程，伴随对问题的再探究与再解决不断形成问题链，促进幼儿联想更多解决问题的方法，实现深度探究与学习。

在严师傅的示范与讲解中，大家获得对问题的解答。大家认真地倾听，纷纷在记录纸中用绘画、文字、数字、符号等方式记录下关键信息。有的小朋友还在家长的支持下使用相机、录音笔、测量尺等探究工具，以拍照、录音、绘画、文字及数字相结合等多元方式收集、记录自己的项目探究问题。

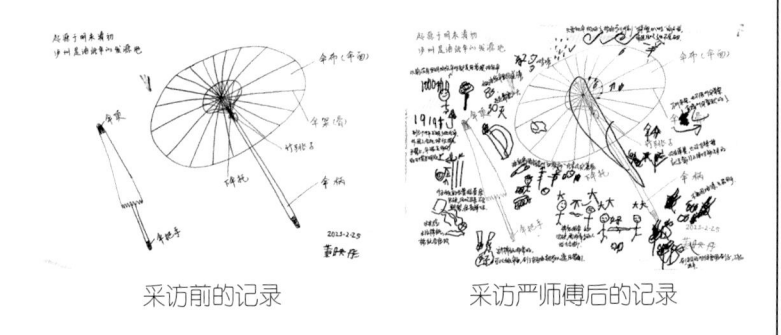

采访前的记录　　采访严师傅后的记录

严师傅讲解与展示后，提出："你们愿不愿意也像我一样做一把伞啊？"

均均："严师傅，我们在班上做过伞，我会做伞。"

"但是我们做的不像，今天来学习后……"暖暖感叹道："我觉得更难了！"

从幼儿的记录表征中，可以看出幼儿能依据自己的探究兴趣或需求进行有关信息的捕捉，收集到的信息丰富多元。有的幼儿还将伞的重点结构，例如短骨、下伞托、竹跳子部分做了画圈标记。有的幼儿还传达了他们在访谈中的信息，例如："严师傅说做伞的时候这几个部位很关键，所以我就做了记号，回到班级制作伞的时候我要好好研究一下。"令人欣喜的是，幼儿不仅对当下感兴趣的内容做了记录，还提出了下阶段自己的探究点。

严师傅笑着说:"制伞过程中要学会坚持、不怕困难。我研究油纸伞13年的时间,才把伞做好!"孩子们感到很不可思议。

暖暖:"那您想过放弃吗?"

严师傅:"没有啊。我想着一定要做好福州油纸伞,让每个人喜欢油纸伞,于是我坚持了下来。"

小谕:"严师傅,我们也要向您学习。"

是的,此行我们收获的不仅是对油纸伞制作工艺的了解,严师傅的工匠精神与坚韧的意志品质也深深地感染着每一个人。

孩子们参观了严师傅现场制伞的部分步骤演示后,感慨"太难了"!但是,当严师傅向大家介绍他为了做好一把油纸伞研究了13年的时间,而且一直都还走在探究与创新的路上时,孩子们更多的是感慨与赞叹,甚至有的孩子表示自己也要向严师傅学习。这些都是此趟研学中孩子们最宝贵的收获。

[课程宝典]

　　油纸伞是汉族传统用品之一,使用历史已有一千多年。它的起源可以追溯到春秋末年,中国古代著名木工师傅鲁班常在野外作业,若遇下雨,常被淋湿。鲁班的妻子想做一种能遮雨的东西,她就把竹子劈成细条,在细条上蒙上兽皮,样子像"亭子",收拢如棍,张开如盖。这就是最早的雨伞。

　　福州油纸伞是中国传统的手工艺品,属于福州三宝之一,历史悠久,工艺独特,有"选料精,上油腻,绘花雅"的特点。福州油纸伞选用闽北五年以上的弹力强、韧性大的青山老竹作为伞骨,手工削制竹条做伞架。伞面采用福建省特制的棉纸,这种纸质地坚韧,耐磨耐用,即使在水中浸数小时也不会变形。在伞面上题诗作画后,涂刷天然防水熟桐油,待完全干后就可以使用。油纸伞的制作过程十分繁琐,纯手工、纯天然,一把伞需要经过八十三道工序才能完成。

　　福州油纸伞又为"包袱伞"。在中国古代有一个习俗,就是赴京赶考或做官上任,背上包袱里除书本外,一定会带一把红油纸伞,即"包袱伞",又称"保福伞",预祝路途平安、高中状元。"油纸"又与"有子"音近,代表多子、多福。伞骨为竹,竹报平安,寓意节节高升。伞形为圆,寓意美满、团圆、平安。在中国民间,还传说桐油可以消灾、辟邪,有桐油纸伞放在家中,当然可以平安吉祥了。

教师手记：在陪伴中，老师收获着惊喜

在"制作一把油纸伞"探究进程中，孩子们开始了更多的分工与合作。他们常常选择与自己志趣相投的伙伴共同制作，教师观察到每个幼儿都有不同的特点：有的善于动手操作，有的善于协助配合；有的善于出谋献策，有的善于捕捉信息；有的善于分析问题，有的善于接纳意见。孩子们分工明确、合作默契，让我们特别欣喜！特别是像玥玥一样愿意帮助同伴共同促进问题解决的孩子有很多，他们能用积极的情感接纳同伴的差异性，强化自我认同与自信。这也启发了教师应更重视与尊重每个幼儿的想法，鼓励他们在自主观察、试误、操作对比中建立对事物更全面、更深刻的认识，这有利于新经验的拓展。

本阶段中，孩子们开始从关注油纸伞的局部拓展到油纸伞的完整结构，教师也在思考如何为幼儿提供更多元的观察、收集信息的渠道，通过实地走访，为项目活动引入社区资源，特别是福州油纸伞技艺传承人严磊师傅这一专家资源，很好地满足了幼儿的探究需求。在引导幼儿进行信息处理中，教师帮助幼儿学习思维导图的运用，鼓励幼儿对自己观察到的信息加以归纳、分析、整理与反思，帮助幼儿理解与记忆，让幼儿通过思维导图进一步认识到油纸伞各结构之间的关系。在后续访谈中，教师还发现幼儿研学活动的收获不仅是关于油纸伞的知识，还有对制伞工艺的好奇，对参观安全的关注，对参观访问的礼仪学习等等。这都令教师感叹幼儿成长的惊喜！

将收集到的信息梳理成图表 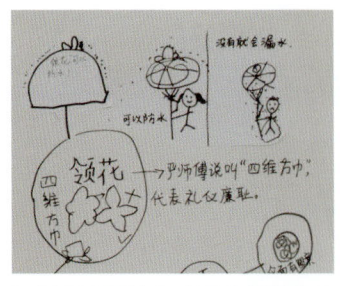　　研学后不断补充油纸伞相关信息 　　我们的研学感悟

统计小伙伴在研学中关注什么 　　积极地分享研学统计情况 　　思维导图中发现幼儿的多元经验点

第三次做伞：想做一把会开合的伞

会开合的秘密在哪里

从严师傅工作坊参观回来后,孩子们讨论新的制伞计划,老师也加入其中。

教师:"小朋友们,福伞基地参观完,你们对接下来做伞有什么新想法吗?"

小高激动地站起来说:"想做可以开合的伞!"

教师:"哈哈,老师非常期待哦!其他的小朋友呢?你们想挑战做一把会开合的伞吗?""想……""我也要做开合的伞!"这一提议很快激发了大三班小朋友挑战的积极性。

教师:"不过,油纸伞怎么开合的呢?"

小伙伴们拿着油纸伞和伞架仔细观察……

小彦:"伞在关的时候,短骨收直。"

暖暖:"短骨撑开,下伞托上下移动,它能控制伞面。"

佐佐:"我发现长骨是固定在伞面上的,短骨没有固定在伞面上。嗯，连着下伞托。"

小兰："开合是靠下伞托的移动。"

龙龙："你看，伞关的时候长骨的一边没有变，外面一圈一直往下。"

小晨："竹跳子伸缩时，下伞托会拉着短骨和长骨一起活动。这就是开合的秘密。"

孩子们对油纸伞开合秘密的见解令教师惊讶不已："你们不仅观察得仔细，分析得有道理，还表达得非常清晰，真是太棒了！看来，这段时间对油纸伞的深入研究让大家有了一双会发现的眼睛哦。"

教师："不过，这是我们看到的油纸伞开合的样子。如果，我们要制作一把会开合的伞，材料怎么选择，要怎么做，才能制作出一把会开合的伞呢？"

小晨："我们要做下伞托，这个部位很关键。"

教师："嗯，我也赞成！什么材料可以做下伞托呢？"

曦曦："水管！剪一段水管！水管中间有洞，伞杆就可以穿过去。"

淘淘："用超轻黏土搓一个。"

"油纸伞是怎样开合的？"教师原以为幼儿会泛泛地说出一二，令我们吃惊的是，他们观察得特别细致。他们在谈论到伞开合时骨架的状态、竹跳子的移动变化、伞面的动态变化等等，让我们感受到他们对探究伞的热情与投入。

伴随着探究的深入，他们不仅汲取了丰富的油纸伞知识，还在与同伴、教师的互动讨论中反思、重组有关信息，更分享着自主发现的快乐与好奇，这样的自主探究氛围着实让人欣喜！

龙龙:"矿泉水的瓶盖也可以当下伞托。"

小赵:"我觉得在泡沫上戳一个洞也可以。"

教师:"嗯,我们回去找找还有哪些材料适合做下伞托,都带来班级试试看。"

关于油纸伞开合秘密的想法

下伞托是影响一把伞开合功能的关键。下伞托是什么样的?它连接伞的哪些部件?如何连接?对这些问题的探究与解决将是孩子们在制作伞中很长一段时间要经历的过程,而这一探究过程将帮助幼儿进一步理解油纸伞结构与功能之间的关系。

第二天，孩子们纷纷带来了一些材料投放在材料柜中，有戳好孔的水管截段、大小各异的塑料瓶盖、泡沫蛋托……教师也找到些万能工匠材料，如万能轴、圆片、纸片等支持幼儿伞托的制作。

瓶盖

泡沫蛋托

泡沫垫

万能轴

设计一把独一无二的伞

　　小语拿着纸和笔找到好朋友妍妍:"我们一起做伞吧?要不要先画一张设计图?"妍妍爽快地答应了。

　　她们准备一边观察一边画计划。妍妍找来一把油纸伞,打开仔细打量着,她指着伞骨说:"这里有好多的伞骨架,还有彩色线。"小语观察后将油纸伞的样子仔细地画下来。妍妍指着下伞托对小语说:"下伞托是圆形的,中间有个洞……"一边打开伞一边提示小语记得画下来,一把漂亮的伞的样子跃然纸上。

　　教师走上前问:"你们的油纸伞画得很像,不过,可以用什么材料来做呢?计划图里好像看不太清楚啊!你们在游戏中是怎样做计划的?可不可以像游戏计划一样来试试制订做伞的计划呢?"

　　她们相视一笑,小语重新找了一张纸,两人讨论了起来。

　　小语:"我上次用吸管当伞骨,你呢?"

一边观察油纸伞一边思考制订计划　　在材料柜里比对着各种材料

妍妍:"我是用小木棒,但是它太短了。"

妍妍来到材料柜比对筷子、吸管、压舌板等材料,然后,取了几根烧烤竹签回来,对小语说:"你看,我找到很多长长的竹签,这个可以当伞骨。"妍妍在工具区里找到了些大透明胶、胶座、剪刀。

妍妍:"用这个大的透明胶固定吧,我之前用双面胶固定老是掉。"

小语找到一些布:"这个布可以包在伞头上。"

妍妍在伞托材料柜寻找:"这么多材料,可以用什么当伞托呢?"她拿起粗吸管套在筷子上,开心地说:"小语你看,这根粗吸管可以套进筷子,正好拿来当伞托。"

两人一边观察油纸伞一边对比材料,商量着可以怎么制

在探究前先订制作计划,能使制作更有目的性,帮助幼儿在问题解决时更好地反思,发现有关线索。但小语的第一次计划图更专注在绘画漂亮的油纸伞,未体现出计划应有的目的、流程等要素。幼儿在游戏中已积累了一定的计划经验,如何让幼儿将游戏中的计划经验迁移到伞的项目探究活动中呢?这是特别需要教师观察、思考与支持的。

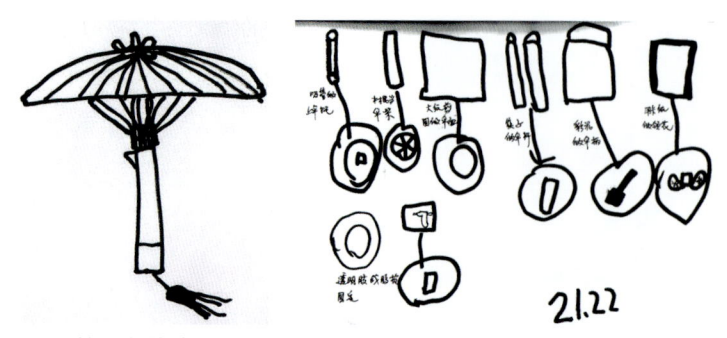

第一次做计划　　　　第二次做计划

作，并在计划图中记录下自己的想法，便开始实施计划。

小朋友们纷纷找到自己的好伙伴一起商量如何制作一把伞，制订好计划，为自己的小制作做准备。他们迁移之前制订其他主题游戏计划的经验，将设计的制作步骤、需要用到的工具、人员的分工等方面的事宜均在计划中有了全面的体现。

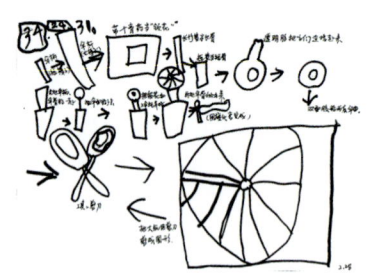

与同伴商讨计划的制定　　　在计划中思考伞各部件的选择

从幼儿后期的计划图中我们可以看到，孩子们开始迁移游戏计划的经验。有的小组能依据制伞的步骤绘画流程图来制订计划；有的小组在流程图的基础上开始思考本次制作活动需要用到的材料有哪些；有的做了归类

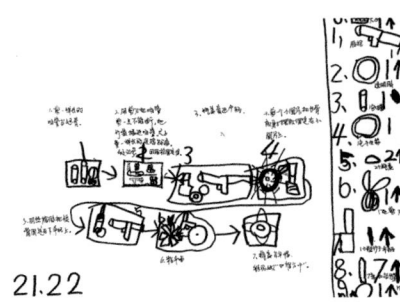

包含所需材料与制作流程的计划图

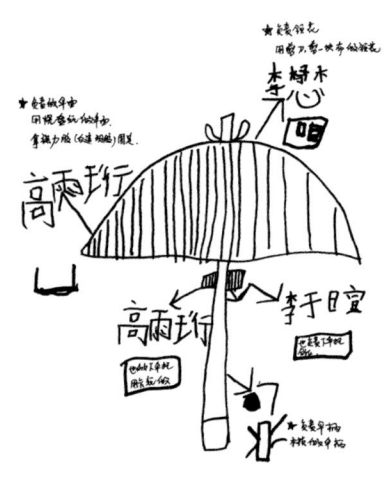

呈现人员的分工与制作想法

与数量的细致思考,便于实施时快速地找到相应的材料;还有的小组在计划中呈现了同伴的分工,使幼儿更明确自己的职责与任务,促进团队间的友好协作。

这些计划的制定进一步激发了幼儿持续项目的兴趣,很好地帮助幼儿在项目探究中更有目的、持续地探究,提升实施与反思的能力。

一个有洞的瓶盖

佐佐拿着根竹筷在材料柜里翻找着什么。一会儿,他取了些黏土,竹筷戳进黏土后试着上下移动,但似乎有些困难,他笑着对老师说:"滑不动啊!"便放弃了。

佐佐又拿起泡沫块看了看,用竹筷费劲地戳了戳,说:"好硬!"

他来到一堆大大小小、颜色各异的瓶盖前,拿起一个红色瓶盖,试图用竹筷戳洞,用劲捅了捅,不见成效后放回了材料柜里。

教师:"你在找什么呢?"

佐佐:"我想找一个东西当下伞托。"

教师:"什么样的东西?"

佐佐一边翻动着材料柜里的瓶盖,一边说:"能套进筷子的东西。"

这时,材料柜里一个戳好洞的瓶盖吸引了他的注意。

> 投放多层次的材料,能满足不同幼儿能力、兴趣、水平的探究需求,有利于幼儿探究问题的解决。有洞的瓶盖不仅能引发幼儿思考"洞"在制伞中的作用,还能帮助动手能力弱的幼儿更好地实现自己探究制作的想法。

佐佐拿起瓶盖，往竹筷上一套，顺利地下滑。他高兴地拿着瓶盖在竹筷上上下滑动："好像下伞托啊！"他高兴地拿着有洞的瓶盖走了……

不试试怎么知道不会成功呢

佐佐拿着有洞的瓶盖找到自己的好朋友淘淘。

佐佐:"我找到一个瓶盖可以做下伞托,我们一起做伞吧。"

淘淘疑惑地问:"真的假的?可以吗?"

"我们可以试一试啊,不试怎么知道会不会成功呢?"佐佐笑着说,然后到材料柜里寻找伞面材料。

看着佐佐自信的样子,淘淘也充满了信心。她找到一张大的防水广告纸:"我们用这个做一把大伞吧!"佐佐高兴地点点头:"哈哈,可以做一把很大的伞。"

他们找到一个大竹匾,淘淘高兴地说:"可以把它盖在这张广告纸上画一个大圆。"两人协作剪下了圆片。淘淘搓长黏土后围合成一个圈,找来一些等长的粗竹棍与竹签,用双面胶固定成一把,刚好套在黏土圈里当伞杆。然后,逐一将竹签围合,平均分成10份插在黏土圈上当长骨。一旁的佐佐剪了一些等长的吸管准备做短骨。

在这个阶段,幼儿调整了制作顺序:做伞面—粘伞骨—做伞架—连接伞面与伞架。这一顺序的调整体现出幼儿对油纸伞结构的进一步熟悉与制作技能的熟练,还体现出幼儿对项目活动中问题解决探究行为的自我反思与修正,在幼儿知识经验上反映出幼儿从关注伞面装饰逐渐发展到关注伞的结构与功能之间的关系。

竹匾盖在纸上画大伞面　　　　一人做长骨，一人准备短骨

淘淘将伞面对折后在中心处剪了一个洞，在佐佐的帮助下套在伞杆上。他们用双面胶将长骨固定在伞面上，还一起将倾斜或掉落的竹签整理好并均匀摆放，并剪掉了多余部分的竹签。

铺开伞面　　　　固定长伞骨

幼儿的制伞过程充满着同伴的沟通协商、合作学习。他们共同寻找圆的中心点，辨识长骨与圆的半径等长，在观察真正的油纸伞中思考短骨的连接方式。

剪断多余的伞骨　　　　仔细观察伞的结构

佐佐在靠近中心点的长骨处粘上一些黏土。

开始制作伞托了。淘淘拿来一把油纸伞，呼唤佐佐来观察："你看，这里有个下伞托可以撑开伞。"

佐佐指着伞托说："短骨一头粘在长骨上，一头粘到下伞托上。"

佐佐拿来找到的有洞的瓶盖套在伞杆上，但是洞太小了。

淘淘想了想，说："我有办法了！"

她到工具区中找来一把螺丝刀，坐在操作桌上，一手扶着瓶盖，一手用力地转动螺丝刀，很快瓶盖上戳开一个小洞。钻了两个小孔后，淘淘又找了一把剪刀将洞口戳得更大了些，套进捆扎好的伞杆里。佐佐上下移动着瓶盖，笑着点点头。

幼儿对问题的解决有赖于开放的时空条件，丰富的材料支持等。在项目背景下的区域活动中，教师投放各种适合做伞的系列材料及工具资源，有助于满足幼儿多元的制作需求与问题解决需要，同时还进一步激发了幼儿的创作意愿、与同伴间的交流合作。

在瓶盖上戳洞　　　　将瓶盖套进伞杆当下伞托

佐佐和淘淘一边扶正伞杆，一边用黏土将事先准备好的吸管短骨固定连接在长骨与瓶盖下伞托上。但吸管不时地掉出来，佐佐又扯了些黏土包裹住吸管，并粘在瓶盖的边缘。在两人的共同努力下，吸管短骨与竹签长骨一一对应固定好了。

佐佐拿起制作好的大伞，尝试着下拉瓶盖下伞托开合。"啊！吸管又掉了！""又掉了，太让人头疼了。"佐佐尝试着再用黏土固定，无奈，又掉下来了。

佐佐喊来了老师。

教师："怎么了？"

佐佐无奈地说："用黏土固定不住啊。"

教师:"用热熔胶试试?"

佐佐似乎想到了什么,到材料柜里取来热好的胶枪,沿着瓶盖的边缘将吸管与瓶盖连接处用热熔胶进行固定。待胶干了后,佐佐开合着试了试,伞面渐渐往下合,但很快在用黏土连接的地方松开了,他又重新粘连。佐佐小心翼翼地保护着,不敢再拉动。

用黏土固定吸管短骨　　热熔胶加固连接处

在集体分享时,他们介绍自己制作的第一把能半开合的伞,特别介绍了制作的过程以及制作中的问题是怎么解决的。他们提到,选择合适的下伞托很重要,要把短伞骨固定在长骨上不是一件简单的事,而把短骨粘在下伞托上就更不容易了!不过,总是要试一试,说不定就有惊喜!小伙伴们非常惊讶,因为这是班级第一把半开合的伞,有

的小朋友忍不住说："太神奇了，伞面真的会动了。"孩子们大受鼓舞，老师提议大家都来试一试，鼓励有更多不同的想法与创造。

展示半开合的伞　　　　欣赏制作过程视频

教师将幼儿同伴制作开合伞的过程拍摄成视频在集体中分享，当观看到伞微微开合的一刹那，他们欢呼雀跃，纷纷表示，看到由小朋友自己亲自做出的开合伞感到非常了不起，更激励自己尝试挑战制作开合伞的愿望。在分享经验的过程中，大家也更加明确制伞功能问题解决的关键环节：下伞托的结构设置很重要！

不一样的伞托材料

诺诺找来一张圆形的大海报当伞面,搓长黏土围合成圈,固定在伞面中心处。接着将等长的吸管与中心处粘连,较均匀地以放射状排列在伞面上,用大透明胶固定住,长骨就完成了。她找来一根粗竹签当伞杆,从中心圈穿过并戳进瓶盖伞帽处,用透明胶固定,然后捏紧黏土圈固定住伞面,又用手将伞面小心翼翼地合拢起来,微笑着说"长骨会合起来",显得很有信心。

制作并固定吸管长骨　　在伞面中心点装竹签伞杆

穿过瓶盖伞帽并固定　　用手将伞面拢了拢，显得很有信心

诺诺到材料柜里找了 10 根竹筷，请老师帮忙准备热熔胶枪，她说："佐佐用黏土固定容易掉，我不能再用黏土了。热熔胶很牢固的，我用它固定筷子，开合的时候肯定不会掉。"她在伞杆上找到一个合适的位置，将竹筷一头用热熔胶固定在此处。再在长骨上找到一个离中心点较近的位置，将竹筷的另一头固定在长骨吸管的侧面。一一对应固定完所有的短骨，诺诺尝试着合拢伞。但是，伞纹丝不动，诺诺一边继续尝试合拢，一边寻找问题原因。

教师："为什么动不了呢？"

诺诺不好意思地笑笑："不知道……"

将短骨固定在吸管伞托上　　　　　拆下伞骨

教师启发她："油纸伞开合的秘密是什么呢？哪个部分很重要啊？"

诺诺像是想到了什么，看了看自己的伞，一边拆下粘在伞杆上的筷子一端，一边说："短骨全都固定在伞杆上就动不了了，没有伞托就不能开合。"

教师："用什么当伞托呢？"

诺诺在材料柜里翻找比对着，找到了一根跟长骨一样粗的吸管，在伞面上这里比比，那里比比，像在想些什么。她尝试将粗吸管套进伞杆里，这一动作似乎启发了她，她取出吸管惊喜地说："粗吸管就可以当伞托啊！"她发现还可以上下移动，于是剪下一截吸管套进伞杆当下伞托，将拆下的竹筷另一头围合固定在伞托上。她喊来好朋友帮自己扶好，在朋友的帮助下一起固定，一把伞就做好了。

诺诺对小伞的改进让我们看到其高阶思维的发展过程。

首先，是对问题的理解与识别。她能识别小伞不能开合是因为缺少下伞托，短骨固定在了伞杆上，这使它难以移动。

其次，是迁移运用有关经验来寻找解决问题的方

发现粗吸管可以套进伞杆　　　将短骨直接固定在伞杆上

诺诺将下伞托轻轻地往下拉，伞面也往下，她又将伞面合拢着折了折，再次拉动下伞托，伞面开始合拢，同伴见了欢呼起来："合上了合上了！"诺诺开心地对老师说："你看，热熔胶真的很牢固！"她们用皮筋绑上了玻璃纸做成四维方巾，一把能开合的伞就完成了！诺诺开心地将自己制作的小伞展示给好朋友。

合拢尝试，很开心　　　制作四维方巾

案。诺诺在教师的提醒下，意识到下伞托在开合中的重要作用，思考增加下伞托。

再次，是诺诺在解决问题过程中比较分析。诺诺在材料柜中的翻找即是其对伞托材料适宜性的对比分析与思考，基于粗吸管能套进伞杆的实践发现而做出判断选择。

最后，诺诺还尝试了对自己问题解决过程及效果的反思评价，诺诺说到选用热熔胶固定，是发现佐佐用黏土固定容易掉，需要更换固定方式。因此，诺诺实现了对小伞的重构创造，创造出新的能开合的小伞。

哪种下伞托最好用

在不断的制作实践中,越来越多的孩子发现下伞托是影响一把伞开合功能的重要部位,于是尝试寻找各种各样的材料当下伞托,有瓶盖、吸管、万能轴、泡沫蛋托、泡沫垫、黏土等等。这天,老师将孩子们运用各种伞托材料制作的小伞在集体中进行展示与分享,引导他们对比分析哪种材料最适合当伞托。

峥峥:"万能轴很好用,它的中间有个洞,直接插进伞杆就可以了。"

万能轴当伞托　　　　　　泡沫蛋托当伞托

黏土当伞托　　　　　矿泉水瓶口当伞托

淘淘："瓶盖最适合当伞托，因为这种材料很好找，而且用螺丝刀或剪刀就能戳好洞。"

浩浩："黏土用手一捏就能捏出伞托的样子。"

小奕："泡沫蛋托中间有个洞可以穿伞杆，短骨也可以直接插在蛋托上。"

诺诺："粗吸管剪一段下来也能当伞托，它很宽。"

峥峥："我用矿泉水瓶的口当伞托，上下移动很灵活。"

在项目活动中，资源材料的收集至关重要，它往往蕴含着点燃幼儿新探究热情的生长点。教师创设了宽松的探究氛围，支持幼儿在做一做、玩一玩、试一试中发现制作下伞托的经验，探究解决小伞开合的问题，在亲身体验与对比观察中提升分析探究解决问题的能力。

孩子们各抒己见。

教师:"那么,这些伞托能让小伞开合吗?"

浩浩:"能啊,能开合一点点。"

峥峥:"可以,伞面都能翘到飞天了。"

小奕:"泡沫蛋托做的伞托很软,不过伞骨要用热熔胶粘上去。它老是掉,还会把泡沫拔下来。"

教师:"哪一种材料当伞托最好用呢?"

顿时,小朋友们炸开了锅,都认为自己做的都是最好用的。老师难以分辨,说:"我们可以将这些作品陈列在展示区里,让其他的小伙伴也来试一试,看看哪种伞托制作的小伞开合得最好哦!"

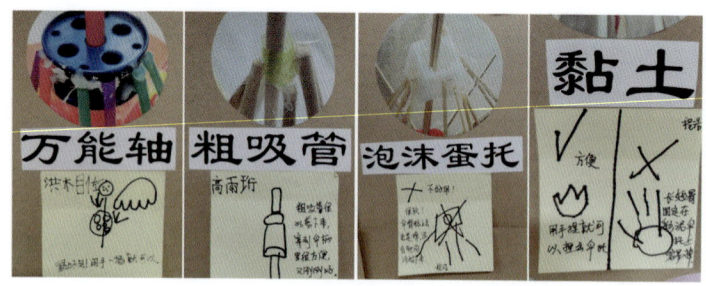

对伞托材料的探究发现

为什么小伞一合拢就会散架

在展示区里,孩子们一边欣赏着同伴制作的伞,一边尝试着开合。浩浩兴奋地向好朋友峥峥展示自己制作的伞骨,但还未全部合拢,几根短骨就散开了。

峥峥叫了起来:"伞骨散架了!"

浩浩又尝试了开合,长骨与伞杆也散开了,他略显尴尬地说:"伞骨太不牢固了!"

诺诺走了过来,说:"老师,我的短骨也掉了。"

涵涵一边开合着他的万能轴伞,一边指着卡纸做的伞面,说:"我用力开合,伞面就掉了。"

他们试图用热熔胶再次固定,但开合几次后,同样的现象再次发生。

伞骨散架了

在这个阶段,幼儿开始关注伞骨架各零部件间固定连接方式的适宜性。

我有点着急了

几把小伞纷纷散架，大家聚在一起讨论着。

佐佐："我的伞也会掉啊！"

峥峥："因为你是用黏土固定的啊，肯定会掉！"

诺诺："我以前用热熔胶粘发夹，都很牢固不会掉的，为什么粘伞就掉了呢？"

小高："伞骨架一直开合，它就掉了。"

浩浩："我用很多很多的热熔胶固定，粘得多多的还是会散架。"

峥峥："那要怎么办呢？"

诺诺看着自己也快散架的伞，苦恼着："是啊，怎么办呢？"

淘淘："已经用了很多胶来粘了，这么多办法都不行，我们都烦了，太难了！"……

> 热熔胶在幼儿的制作过程中一直被认为是最牢固的固定工具，但孩子们逐渐发现这一工具的连接效果并不理想，这一认知冲突的产生，引发了幼儿对开合伞的伞骨架连接状态的思考。

再去问问严师傅

经过几天的尝试，孩子们似乎对伞骨散架的问题束手无策。

教师："经过这几天的再尝试和思考，你们找到伞骨散架的解决办法了吗？"

几个孩子小声地回答着："没有……"

浩浩站起来说："我试了粘很多热熔胶，再用透明胶包裹很多层，开合几下也还是掉！"

峥峥："我回家问我爸怎么做，他也不会！"

看着大家不知所措的样子，教师安慰道："虽然我们没有找到解决问题的办法，但是大家进行了积极的思考与尝试，寻求大人帮助是一个不错的选择，要为你们积极寻找解决问题的办法点赞！老师呢，也没有做过会开合的伞，还真的不知道该如何解决这个问题。"接着，教师提议："不过，我有一个小建议，我们可以再次去拜访严师傅，或是

专家资源发挥作用主要在幼儿项目活动中较难自主解决问题时。例如，在探索"怎么制作一把牢固的伞架"中，孩子们尝试了诸多办法都未能解决，严师傅这一专家资源可以给幼儿更多解决问题的线索与直观经验，也促进了幼儿在项目活动中的深度思考，进一步发展解决问题的能力。

把他请来，或许能从他那里得到解答。"

孩子们陆陆续续拿着自己制作的伞再次走访福伞基地，教师也积极与严师傅取得联系，最终邀请严师傅到班级就孩子们制作过程中的问题进行互动。

严师傅带着油纸伞的骨架来到班级，和孩子们就"油纸伞是怎样固定连接"的问题进行了对比和演示，孩子们也纷纷提出自己的困惑。

龙龙："严师傅，为什么您制作的伞骨能开合，我们的动不了呢？"

严师傅取下其中一段"人"字形的长骨与短骨，摆动着短骨，问："你们发现了什么？"

孩子们认真地观察着，突然叫了起来："它会动！短骨会动！"

严师傅引导幼儿将自制的伞骨与其作比对。

浩浩："我们的伞骨被热熔胶固定住了，不会动。真正的油纸伞伞骨是用线缝住的，不仅牢固还会动！"

严师傅："是的。你们要再想想用什么办法让你的伞骨既固定住又可以像我这样灵活地动来动去哦！"

严师傅的现场演示让幼儿更直观地关注到长骨与短骨连接的方法与过程，意识到连接方式的选择对伞的稳定及功能实现的重要性。

龙龙："可是你的油纸伞伞骨有洞可以穿线，我们找到的伞骨材料没有洞，怎么穿线呢？"

严师傅观察龙龙的小伞，说："我看看。你用吸管当短骨，这个材料很软，可以试试用针缝、用订书机订等等方法，说不准挺牢固的。"

严师傅从劳作区找来针线，小心翼翼地将吸管缝制在竹签上，边演示边介绍："真正油纸伞的长骨与短骨中都锯有一个槽，打了洞，是用彩线将它们穿在一起的。你们找的吸管可以剪开，包裹住竹签，再用针线像我这样上下缝一缝，是不是也像被穿在一起了啊？"孩子们看得很认真。

教师也看得入神，不禁感叹："看来，我们不仅要找更多的材料对小伞进行改造，还要拓展使用工具的方式方法啊！"

孩子们纷纷向严师傅请教制作问题

与严师傅的互动给孩子们带来许多启发，更促使他们积极地思考材料的使用方法及其与功能间的关系。教师的心中也不禁萌生了一个念头：和小朋友一样，亲自动手制作一把伞！

老师的做伞体验

区域活动时间里,孩子们正在探索制作开合伞。林老师仔细观察他们的材料使用方法,发现大多使用竹签作为长短骨。于是,林老师也选择了等长的竹签做长骨,较短的竹签做短骨,一边思考一边实践,加入制伞的探究中。

首先,她学着平日里孩子们粘连长骨的方法,先剪了一个圆纸片,将长骨从中心处放射状排列。一旁正在制作的绘绘看到了,提醒道:"林老师,你要先在中间再画个圆,然后把竹签摆在圈外,这样排列的时候就不会粘太紧了。""有道理,谢谢!"绘绘听到老师的赞赏显得很开心。接着,林老师找来短竹签,准备连接长骨与短骨。不过,短骨在长骨的哪个位置开始连接才合适呢?

林老师问一旁的绘绘:"绘绘,短骨要连在长骨的哪个位置呢?"

绘绘看了看自己手中正在制作的小伞,回答:"嗯,靠

> 幼儿的探究热情感染着教师,教师也忍不住动手试一试。教师亲身实践,切身感受到幼儿动手操作的过程与心路历程,对幼儿的探究行为、情感有了更多的感同身受,更加理解幼儿行为背后的所思所想,从儿童视角进行行为的解读分析与有力支持。

近上伞托的位置都可以。"

兰兰连忙纠正:"不对,要粘在长骨一半的位置上。"

小温抬头看了看大家,说:"粘在哪里都可以吧!"

"哈哈哈,那我研究研究。"林老师心里想着:"看来,孩子们不大关注它们连接的精确性。但是,连接位置对伞的开合角度是有一定影响的。那么,它们到底是在什么位置连接呢?"林老师找来一把油纸伞,开始测量。

兰兰凑上前来观看:"老师,你在量什么?""我想看看短骨到底要粘在长骨的什么位置上。"兰兰看了看,继续自己的操作……

寻找到合适位置后,该怎么固定连接呢?林老师想起严师傅说过,长短骨连接时既要牢固又能灵活移动,既然热熔胶难以实现这个效果,那么较常使用的透明胶通过缠绕的方式是否能实现呢?林老师慢慢地整理胶带,拉动着上下左右地缠绕,效果确实不错。当准备连接短骨与瓶盖做成的下伞托时,林老师发现太难缠绕了,无论透明胶怎么缠绕,竹签短骨与光滑的瓶盖都很难黏合。

林老师看了看一旁的小伙伴,只见兰兰也在黏合短骨与瓶盖，她取了许多的泡沫胶一圈圈地缠绕着。

林老师："兰兰，为什么要用泡沫胶啊？"

兰兰："它很黏啊，这么多胶里最黏的，经常会粘在我手上。"难怪平日里经常看到孩子们一圈又一圈地缠绕泡沫胶。

林老师用透明胶、纸胶、毛根……各种材料都试了试。最终，足足花了有30分钟的时间，才完成了一把能开合的伞骨架。林老师不禁感叹，完成一把开合的伞着实不容易啊，更何况是孩子们呢！心中对他们积极探究、永不言弃的敬佩之情油然而生。

林老师将自己制作的伞骨架向大家展示。

暖暖："老师，你做的伞骨架能开合了。好棒啊！"

积极探究透明胶的固定方法　　感受成功的喜悦

> 制作过程中，教师并非孤军奋战，幼儿的积极互动给予教师许多的帮助与思考。从聊天中我们可以看到幼儿的已有探究经验和未关注的现象，激发教师进一步思考下阶段的支持策略。

浩浩："用纸胶连接的吗？你是怎么做的？为什么我都用了一大卷的纸胶还是容易掉呢？"

小奕开合着伞骨架，惊讶道："这把伞很牢固，骨架不会掉啊！"

林老师分享自己在制作过程中的经历与方法，向大家演示纸胶上下左右缠绕的方法，说："制作时小朋友们给我出了许多好主意呢，谢谢他们！刚开始的时候，我学着小朋友的样子，用透明胶、泡沫胶来缠绕长骨和短骨，将它们进行固定。但后来我发现，透明胶适合连接长短骨，却不适合固定下伞托。泡沫胶粘了以后很大一团，伞骨不好看。最后，我想到了用纸胶，它的黏性像泡沫胶一样好，粘起来还很美观呢！看来，我们需要多思考、多探究这些材料的使用方法哦。"

吸管、纸胶、毛根妙处多多

孩子们越来越热衷于自己的尝试，使用各种材料、工具来进行小伞的制作。瞧，幼儿园的资料室、工具室等到处都是孩子们寻找材料的身影，他们有意想不到的发现！

浩浩到美工区找来了纸胶，这种材料比透明胶操作简便，撕贴方便。只见他迁移之前老师使用纸胶缠绕的方法，将吸管短骨一端先固定在长骨上，再用纸胶缠绕吸管一圈，接着往下缠绕长骨一圈，往三个方位往复缠绕，伞骨架就固定完成了！

纸胶缠绕固定吸管与竹签　　将吸管固定在瓶盖外缘　　用纸胶固定的伞完成啦

如何让油纸伞长骨与短骨在连接时既要牢固又要灵活是开合功能实现的关键。幼儿突破了既定思维，开始探索更多元、有效的方法来使用工具和材料，绕、缠、捆、扎，为实现伞的开合功能提供了无限可能。

小语拿着她的半成品找教师帮忙："老师，帮我用皮筋把这两根吸管绑在一起。"仔细一瞧，原来小语剪了等长的八根吸管绕在万能工匠红棍的一端当长骨，接着剪了些短吸管当短骨，准备用皮筋将长短吸管连接，但是很难绕，尝试几次都不成功。

教师赞赏道："我还没有见过用吸管和皮筋做的伞呢，很了不起的想法。"教师仔细打量了一番："让我想想怎么捆扎。"教师坐在操作桌前观察着材料，小语指着连接处说："用皮筋把这根短骨捆在长骨这里。"在小语的指示下，老师一手捏紧长短骨连接处，一手将皮筋绕过长吸管一圈圈缠绕，着实不容易。在老师的帮助下，小语努力地用皮筋试了试："我捆不紧，用毛根再固定一下吧。"

用皮筋尝试捆扎　　　和林老师一起解决问题

> 小语迁移了生活经验——用皮筋捆扎固定的方法在制伞中进行尝试运用。这一新奇的固定方法也激发了教师的好奇心，师幼共同探究使用皮筋缠绕固定的方法。教师对问题的共情投入与适时的帮助，能助推幼儿探究想法的坚持与实现。

长短骨一一对应捆扎好了。小语找了一个瓶盖当下伞托,将短骨吸管的一端装在瓶盖的内侧,并用热熔胶进行固定,一把会开合的吸管伞完成了!

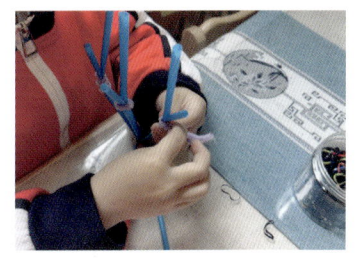

用毛根再次固定连接处　　　　完成吸管开合伞

小语做了第一把能完整开合的小伞

这天，小语拿着一个瓶盖和竹签走过来："老师，帮我在这旁边戳几个洞。"瓶盖除了中间戳了一个洞外，沿着边缘还戳了两个洞，一个洞上塞着一条毛根。教师在心里嘀咕着："瓶盖上有洞可以穿伞杆了，还要小洞做什么呢？"想着小语是个很会动脑筋的小朋友，或许有不一样的发现！于是，教师叫一旁的小朋友帮忙拍照记录。教师在小语的指示下围着中心洞戳了一圈的小洞，带着疑惑，跟着她来到了操作桌。

同伴探究现场 　　　　有许多洞的瓶盖

正是因为持续的追踪观察，让我们能捕捉到孩子们不一样的固定连接方式，这些连接方式背后都蕴藏着孩子们的奇思妙想。

小语将两根毛根拧成麻花状,穿进瓶盖洞里往边上绕圈卡紧,依此方法完成与洞相应的7根毛根,最中间的洞里插上竹签当伞杆。原来,这些瓶盖上的小洞是为了固定毛根短骨的啊!

教师:"这些毛根用来做什么呢?"

小语:"拿来当短骨。"

毛根拧成麻花状　　　　穿进洞里固定

小语剪了几根等长的吸管,介绍道:"这个当长骨,等下把毛根绕上去就可以了。"

教师:"哦,这一次是吸管跟毛根组合的伞呢,很有创意。"老师看了看当长骨的吸管与之前的吸管伞长度差不多,提出了一个挑战:"这把伞的大小跟上一次的吸管伞差不多大哦，能不能做一把更大一点的伞呢？"

小语看着教师，回答："可以啊！把长骨变长就可以了。"

教师："怎么把长骨变长呢？"

小语略有所思，到材料柜里找寻到最长的竹签和吸管，比对了下，回到操作桌前，有些无奈地看了看老师："都是这么长。"

老师拿起小语找来的竹签穿进剪好的吸管里，这一动作引起了小语的关注，她开心地接过材料，说："我知道了，把它们粘起来，吸管就变长了。"小语用同样的方法粘好了7根等长的长骨。

这时，好朋友妍妍走过来："我能跟你一起做吗？"小语爽快地答应了，告诉她："你把这些长骨弄整齐，我去找皮筋。"小语很快就在生活袋里找到了皮筋，迁移之前做吸管伞的经验将并齐的吸管一端捆扎紧，展开长骨一看，笑了起来："我们忘记装伞杆了。"小语找教师帮忙："老师，有没有更长的竹签可以当伞杆呢？"

教师找来一根竹棍："你看看这根合适吗？"小语将竹棍套进准备好的瓶盖伞托，开心地说："正正好！"

竹签套进吸管固定变长了　　皮筋捆紧一头

打开长骨仔细观察　　将竹棍套进瓶盖试一试

她们重新拆装长骨，先在竹棍伞杆上粘上热熔胶，围绕着固定吸管，再用皮筋捆扎加固。散开长骨，在伞杆上套进之前做好的瓶盖伞托，就准备将毛根捆绑在长骨上。她们撑开试了试，瓶盖开始滑动，而长骨只是动了动。

妍妍："撑不开啊！"

热熔胶固定吸管　　　　　皮筋加固伞头

瓶盖伞托套进伞杆　　　　毛根短骨缠绕在长骨上固定

小语又反复试了试，在左右手的协助下长骨勉强撑开了些。

妍妍："我知道了，毛根太软了。"

教师："怎么变硬些呢？"

小语思索了一会儿，将毛根套进吸管，看着教师说："这样就可以了。"

教师赞赏道："太棒了，吸管还有这个作用呢！"

她们将毛根拆除，准备套进剪好的吸管时发现毛根太短了。小语："把毛根加长就可以了。"一边说着一边示范将毛根拧成麻花状后再与之前的毛根衔接，套进吸管里。接着将瓶盖套进伞杆，准备毛根与长骨缠绕固定。小语突然发现了什么："绕错啦！"原来毛根较随意固定，错乱打结。她们将结解开，一一对应摆放好。

加长毛根套进吸管　　长短骨一一对应摆放

教师："嗯，我发现毛根绕在长骨上的位置不一样哦，有的远有的近，毛根到底要固定在吸管的哪个位置呢？"

妍妍思索片刻，到工具柜找来一把卷尺，说："我们用尺子量一量，在一样的地方做个记号，就把毛根都绑在这个位置。"小语和妍妍商量后决定从中心点处往外量，尺子上有个红色贴纸是之前孩子们量其他物品时留下的记号，当她们量到一个合适的位置时，小语将这个标记撕下移动到目标位置上，对妍妍说："13厘米，拿一支笔在这里做记号。"依此方法，在其他长骨上均做了记号。接着，她们合力将毛根一一对应缠绕在目标位置上。

寻找尺子工具

从中心点往外的13厘米处做记号

她们慢慢地合上小伞，两人惊喜地叫起来："合上啦！"又慢慢地推动瓶盖伞托，伞骨架逐渐撑开，她们开心地欢呼着："能开合了，能开合了，哈哈哈！"在开合的那一刻，老师情不自禁地跟着欢呼起来。一把真正能完全开合的伞诞生啦！

在幼儿同伴合作过程中，我们看到了默契配合的分工协作过程。小语和妍妍平时就是好朋友，她们常常互相包容、共商话题。制伞中，当对方提出自己的想法或意见时，另一方总是会认真地思考，积极接纳，或说明理由反驳，共同讨论对问题的反思、质疑、推测，促进问题的解决。同伴间的尊重、欣赏与信任，使幼儿合作探究得以持续进行，获得项目探究的喜悦与成就感。

在记号处固定毛根

小伞会开合啦!

欢迎点播"第一把完整开合的伞"视频

第三次做伞:想做一把会开合的伞

你能教教我吗

集体活动中,小语和妍妍向大家展示分享她们用毛根和吸管制作的开合伞,这令伙伴们兴奋不已,纷纷前来围观,争先恐后地想要试试它的开合效果。

小奕一边开合一边惊叹道:"这把伞不仅能全部撑开,还能合上啊,太厉害了!"

均均一边摸着伞一边说:"没有透明胶和热熔胶,你们是怎么固定的啊?"

小语:"用毛根这样绕就固定住了。"小语一边讲解一边演示着。

浩浩仔细观察着,问:"毛根是怎么固定在瓶盖上的呢?"

小语:"往旁边拧几下就可以了。"

小影:"太神奇了,我也想做一把这样的伞。你能教教我吗?"

幼儿通过观看同伴的制作过程、观察作品,了解他人的制作方法与技巧,学习到许多有关利用毛根固定制伞的经验。特别是当他们有机会和这些探索者进行讨论时,能更好地了解到他人的问题解决过程,并学习优秀的学习品质,实现同伴互动的独特价值。

峥峥:"我也想做一把,你也教教我呗!"

小语和妍妍开心地答应了,一边展示一边讲述着她们的制作过程。

区域时间里,这把开合伞成了"宠儿",小伙伴们一边观察一边学着做呢!

向同伴分享制作经验

仔细观察制作方法

长骨、短骨和下伞托——找到关键部位最重要

孩子们不断探索制作开合伞的方法，用毛根穿过吸管再缠绕固定连接长短骨的方法令孩子们体验到了成功的喜悦，也从中发现了一些秘密。为了让孩子们更加关注各零部件间的结构与伞开合的关系，老师组织孩子们进行讨论。

教师："在这段时间的探索中，你们发现制作油纸伞时，能成功开合的秘诀在哪里呢，哪些部位是很关键的？"

"下伞托！""长骨！""还有短骨！"大家各抒己见。

妍妍："找一个瓶盖当下伞托，而且短骨要跟下伞托连接在一起。"

小峥："长骨也很重要啊！我还发现长骨要像太阳一样，放射状地粘在伞面的中心点。"

教师点点头："嗯，你们说得都有道理，还有哪些部位很关键呢？"

淘淘："长骨和短骨很重要，有了它们油纸伞就有了伞

骨架。"

佐佐:"像人有了骨骼一样。"

涵涵:"我觉得短骨最重要,没有短骨长骨就撑不住了啊!"说着他撑开一把油纸伞,演示着:"打开的时候,短骨就把长骨一起撑开了。"

"我觉得连接的方法最重要,"小语一边拿着自制的小伞一边说,"你看,我研究了好久才想到用毛根来固定,又牢固又能开合。"

浩浩补充道:"没错,连接方法很重要。我做了10把伞,用纸胶、透明胶都能固定连接,但是它们容易掉,后来用毛根缠绕就牢固了,不会掉!"

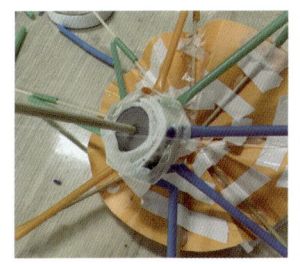

用纸胶、透明胶、毛根等多种方式连接短骨与下伞托

孩子们结合日常的实践经验滔滔不绝地表述着自己的观点……

教师肯定地点点头:"看来做一把会开合的伞,需要把这些关键的零部件,也就是长骨、短骨、下伞托等等都做出来,而且还要找到适合固定连接这些关键部位的方法,才能做出一把既牢固又能开合的伞呢!"

能让小伞变得更稳固的测量

这天,诚诚拿着他制作好的小伞展示给老师看。这是一把短骨超长的伞,仔细一瞧,长骨与短骨用了同样长的竹签。一凡也展示着她的小伞,问:"老师,为什么只能开一点点呢?"一看,原来短骨固定在距离中心点很近的位置。

长骨与短骨一样长

长短骨连接点的位置如何选择

幼儿的经验积累在循环往复的探究中不断建立、巩固再发展。作为教师更应关注到探究个体的差异,一位幼儿的经验发展并不能代表每一位幼儿的发展历程。因此,我们在案例中可以看到,虽然大部分的幼儿都已

看来，我们需要更准确地关注伞骨的长度，认真思考长短骨固定连接的位置。

教师拿出这两把小伞引导幼儿观察，并将它们和真正的油纸伞做比较，提出："油纸伞是长骨长还是短骨长呢？"

"长骨长！"孩子们异口同声自信地回答。

教师追问："长多少？"

小高双手划出一个长度，说："大概这么长。"

佐佐想了想，说："短骨是长骨的一半。"

"是否是这样呢？"教师继续问："怎么得到正确的数据？用什么方法可以让我们准确地知道油纸伞的长骨有多长，短骨有多长，长了多少呢？"

大家决定量一量。于是，他们找来吸管、铅笔、积木、绳子等材料，尝试用自然测量的方法寻找之间的关系。

浩浩跑到工具柜找来一把软尺，交给教师："老师，用尺子量一量。"

教师："好啊，从哪里开始量呢？"在妍妍的提议下，浩浩准备从伞的中心点往外量长骨。他将软尺一头塞进伞骨架对准中心点，请妍妍帮助他扶住尺子。浩浩沿其中一

了解油纸伞中的长骨长、短骨短，但仍有部分个体执着于制作一把像伞的伞，而未关注到结构与功能之间的联系。面对这样的个体，教师也不能操之过急，而应看到他们在操作过程中的持续、专注，用心了解其解决问题背后的想法和需要，给予个性化引导支持。

根长骨慢慢往外拉到末端,指着长骨说:"长骨有60厘米。"

依此方法他们测量了短骨,妍妍:"短骨是23厘米。"

教师引导他们比较长短,并鼓励将量长骨长度的软尺对折,观察它的一半是30厘米,发现短骨长度是长骨的一半少一些。

教师:"因此,我们下次在制作开合伞的时候,裁剪的短骨长度就是长骨的一半少一点点了哦。"

教师还向大家展示了平常制伞过程中的照片,观察几种长短骨连接状态,说道:"我发现有的小朋友制作时短骨靠近中心点连接,有的离得很远。"并提出问题,"长短骨连接的位置怎么选择呢?"

测量长骨、短骨、连接点的长度

说说我的发现

在教师引发的问题讨论下,幼儿运用自然测量的方法比较伞骨结构间的关系,用测量解决探究活动中的问题。因油纸伞结构的特性,幼儿需要思考测量起点的选择、分析比对测量数据、得出测量结果,以此了解长骨与短骨长度及连接位置的关系。

小奕自告奋勇："我来量一量。"大家聚精会神地等待测量结果。

小奕："短骨长度和连接的长度差不多啊。"

教师认真看了看软尺上的刻度："嗯,一个是20,一个是21,大约一样长。我们可以说短骨的长度与'中心点到连接点的位置'的距离大约一样长。"

小奕："所以我们在连接的时候,直接把短骨放在长骨上比一比,做个记号,就知道把短骨固定在哪里啦!"

"是的!"教师肯定地点点头。

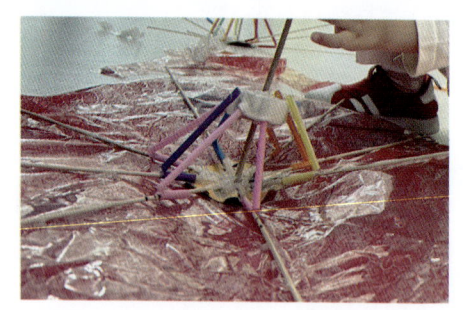

长骨上随处可见孩子们测量后做的记号

教师手记：不断挑战是持续探究的动力

在这个阶段中，幼儿的制伞探究更加关注伞的结构与功能，它需要建立在上阶段对伞的观察认知的基础上。从制作出半开合的伞—制作一把能完整开合的伞—更好实现小伞的功能，我们看到幼儿在项目探究中的情感投入、经验积累、思维进阶与同伴合作有了不同程度的发展。

油纸伞开合的秘诀在哪里？哪种伞托材料最好用？为什么小伞一开合就散架？幼儿带着对问题的思考，进行了大量的实践探索，他们不断地对材料进行比较、分析、判断，对过程中的问题进行识别、概括、反思、推断，在与同伴的分工合作、协商讨论中促进问题的解决，最终实现了开合伞的制作。孩子们的探究热情感染着每一个人，带动更多幼儿加入探索的行列，同时教师亲身体验制伞和解决问题的过程，能更好地体会到幼儿制伞过程遇到的困难与挑战。伴随幼儿探究经验的丰富，幼儿遇到的问题也愈发聚焦，他们更期望在教师、同伴的帮助下进一步识别问题。他们在与周围环境、多方资源互动中进行实物观察、实地考察、专家对话，从而获得解决问题的线索与动力，也有效促进创造性思维能力的发展。

当我们带着幼儿进行经验回顾，通过录像、照片持续回溯自己的制作过程，鼓励他们对自己的计划再调整时，我们发现其实教师并未真正走近儿童，对儿童的真实想法、经验、需求，教师还不能真正触及，直到教师亲自体验制作一把会开合的伞，有了更多与幼儿共感体验时，才发现制作中的每一位幼儿都无比能干，他们是有能力、自信的探究者，而教师常急于给出自己所谓的"支持"，是否真正建立在儿童的真实需求上，这个命题有待我们进一步探索！

第四次做伞：在一次次的失败中迎来成功

为什么小伞一撑开就合不拢了

大三班孩子们对开合伞的探索仍在继续，他们寻找更多元的材料、拓展多样的方式方法，在不断试误中获得制作经验。但是，也有不太顺利的时候……

佐佐："我用万能工匠的材料做伞，撑开就合不拢了。"

浩浩："我玩过佐佐做的开合伞。它的长棍都顶在万能轴伞帽上了，当然合不上。"

峥峥："我用纸胶固定吸管短骨和瓶盖下伞托，小伞撑开再合上，短骨就掉出来了。"

小高："我和暖暖做的伞一直撑开着，关不上啊！"

教师："为什么呢？"教师看了看，原来是长骨穿在PVC管上的洞里，不会动弹了。

小彦："用吸管当短骨，把它固定在竹签长骨上，绕了很多的纸胶才固定住，但是小伞开合得很不灵活……"

教师："看来这段时间大家对材料做了很多的探索，很

项目活动中，问题是点燃儿童思维活动的"导火索"。"为什么小伞合不拢"是幼儿亲历探索制作后遇到的真实问题。教师通过与幼儿对话、追问等形式，促进幼儿聚焦问题情境，对自己的问题进一步地识别描述。教师在引导幼儿讨论时，还对问题的归因做了总结，进一步引导幼儿关注伞骨的排列方式、零件间的固定方法、工具材料的使用等方面的问题，激发幼儿更多元地看待问题。

小伞合不上　　　　　撑开了就动不了

棒哦！那么，这些小伞为什么常常合不上呢？"教师选了两把自制的伞骨，引导幼儿仔细观察长骨与中心点的位置与状态。

浩浩："我知道，长骨在安装的时候要离中心点远一些，保留空间让它合拢。万能工匠的材料很粗很大，更要留足够的空间了。"

教师："很好，这是关于长骨与中心点的结构与位置之间的关系。还有吗？"

小彦："我开合的时候，吸管就折起来弯曲了，但是有点硬，不能完全开，也关不了。"

教师在幼儿的经验分享中可以帮助提取关键问题与重要因素，对经验进行整理与拓展。这不仅能调动幼儿的探究兴趣，还能进一步促进幼儿高阶思维的发展，激发幼儿持续探究。

教师:"我们不妨带着这些问题,在家里和爸爸妈妈一起做把伞,看看能否得到解决的办法吧!而且,经历一段时间的探索,相信爸爸妈妈们也很好奇你们制作的开合伞是什么样的呢!"

怎样让小伞合拢——我爸爸想了一个妙计

圆圆决定在家挑战做一把会开合的小伞,她邀请爸爸和她一起制作。

圆圆递了一块布给爸爸:"油纸伞是很古典、优雅、很美的。我觉得我们家的这块布很合适。爸爸,你帮我剪一个圆吧。"这正是爸爸大显身手的时候,他快速地用圆规画了一个大圆,并剪下。

爸爸很好奇,问:"圆圆,油纸伞共有哪些部位构成呢?"

圆圆:"油纸伞有长骨、短骨、伞托,还有伞帽和四维方巾。爸爸,你知道四维方巾是代表什么、干什么用的吗?"爸爸摇摇头。

圆圆兴致勃勃地介绍着:"四维方巾就是油纸伞伞顶上的一块布,它包住伞头,很漂亮,像古代小孩头上绑的髻子。共有四个边,上面都写了'福'字。严师傅说它代表

> 在项目活动中,家长是教师的重要合作伙伴。家长可作为专家资源被引入课堂,同时还能拓展生成各种课程资源。家长也能在深入观察儿童、研究儿童的历程中,与教师达成一致的育人理念。

'礼义廉耻'，教小朋友要懂礼貌、学做人。它还可以防水，下雨的时候伞面上的雨水不会漏进来。很厉害吧！我们等会儿也做一条四维方巾吧！"

圆圆滔滔不绝地向爸爸介绍四维方巾的用途，看来她在研学活动中学到了很多关于油纸伞的本领呢！

圆圆让爸爸在家里一起找些竹签、一次性筷子、纸板、剪刀、胶枪，一切准备就绪，她拿起一根竹签在圆布上比画着，告诉爸爸："你帮我剪一样长的8根竹签，我要用来当长骨。"然后圆圆开始剪一样长的细纸板，说要当短骨。圆圆把长竹签平均分布在伞面上，用热熔胶固定住。拿起一次性筷子当伞杆，让爸爸帮忙扶住筷子，她用胶枪把这

| 剪一块圆形伞面 | 剪一样长的纸板短骨 | 竹签散状摆在伞面当长骨 |

些部位固定住。"好了，长骨和伞杆做好了。"圆圆显得很开心。

爸爸指了指她剪的长条形小纸板，问："这是干吗的？""当短骨的。"爸爸帮圆圆扶着纸板，圆圆认真地用胶枪把纸板两头分别固定在长骨和伞杆上。刚粘了一根，她就后悔了，拔下纸板："不对，短骨不能直接粘在伞杆上，不然动不了。这边也不能直接粘在长骨上，很容易掉的。""为什么？"爸爸很疑惑。"我看浩浩就是这样子做的，后来没有成功就拆掉了。"圆圆说完看着纸板，有些发愁："可是要怎么粘呢？"

爸爸："我帮你一起想办法，要怎么弄？"

圆圆："就是要做一个下伞托，短骨一边要粘在长骨上，另一边要粘在下伞托上，伞托要能上下移动。"

还要会动？这可难倒爸爸了。看着圆圆认真的样子，爸爸思索了一番，想到了一个办法："纸张可以折的，要不我们把纸板的两头都折一点进行固定当伞托吧！"爸爸一边说着一边找来纸条围成圈黏合当下伞托。

达成共识后就开始行动。圆圆将长条小纸板的一头往

固定伞杆　　短骨要怎么连接呢?　　固定好短骨啦!

里折了些,再固定在环形纸板的下伞托上。连接的地方很难粘,但圆圆一丝不苟地固定着,坚决不让爸爸插手时。爸爸顿时觉得女儿真的长大了,动手能力提升了不少,还能积极地思考问题、解决问题,丝毫不马虎。

热熔胶干了,圆圆开合着小伞,欢呼着:"成功啦,能开合啦!爸爸,你说小朋友们会喜欢我们做的伞吗?""当然,你做的小伞最好看!"圆圆想起了什么:"还不是最好看的,还有四维方巾没做呢!"说着,她到姐姐的房间找来了一个矿泉水瓶瓶盖和一块圆布固定在伞面中心处。看着最后的成品,她满意地向一家人炫耀自己的油纸伞!

从记录单中可以看出,家长给予幼儿较多的自主权,他们共同商讨解决问题的方法,并不包办代替。家长珍视幼儿的自主探究行为,懂得如何支持幼儿的探究过程,与教师达成教育共识,促进幼儿对问题的解决,这是令人可喜的。爸爸的参与给予圆圆独立与自信。

这就是四维方巾,代表"礼义廉耻"

盖个伞帽完成啦!

我们将这个故事分享到班级微信群,鼓励更多像圆圆爸爸一样的家长,有质量地陪伴孩子共同参与制作,体验家庭中的亲子互动是多元的,学习是无处不在的,弥补了在园学习无法给予的亲子情感支持。

第四次做伞:在一次次的失败中迎来成功

各种各样的小伞制作妙计

孩子们制作油纸伞的热情在家庭中逐渐蔓延，也得到了爸爸妈妈们的大力支持与积极投入。瞧，展览区里各式各样亲子制作的开合伞引来了小伙伴们的围观。

小晨："这把伞好漂亮啊，开合的时候像真正的油纸伞一样，是用布包起来的，太神奇了！"

浩浩："小曦，你做短骨用的是什么材料，我都没见过。"

漂亮的布伞　　　扎带短骨和下伞托

家长们的积极投入与支持拓展了幼儿的制作经验。

小曦:"这是扎带,我爸爸说扎带很柔软,不会断。你看,还可以围成一圈当下伞托。"

小雨:"你们看,这把吸管做的伞不会散架,是用针线缝起来固定的啊!"

小影:"对啊,这是我妈妈帮我缝的。吸管缝在另一根吸管长骨上很牢固。软软的吸管还可以缝在瓶盖上,瓶盖伞托活动的时候也不怕散架。"

用针线缝了固定

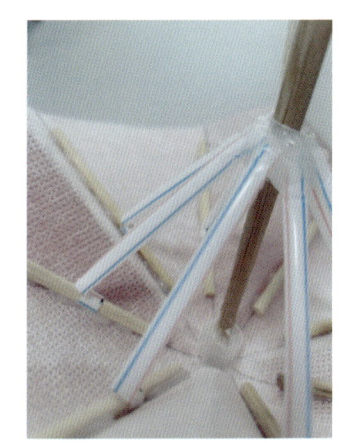

把吸管剪开,用斜插的方式来连接

琳琅满目的小伞令人应接不暇。老师也拿起一把伞细细打量，不禁好奇："这个吸管短骨好特别啊，长骨和短骨之间没有任何工具固定也能开合。这是怎么做到的啊？"

小奕拿起自己的小伞，非常自豪地介绍着："这是我和爸爸做的。把吸管的一头剪开一个口，但不能剪断。然后斜斜地插进筷子长骨里，另一边粘在下伞托上，就可以啦！"

小晨："我也想用这些好办法自己做一做。"

教师："这些好办法怎样才能被大家记住、一起学习呢？"

小晨："可以有像说明书一样的东西。有的乐高我不会拼，就看乐高说明书。"

小奕："对，像折纸说明书那样。"

教师："嗯，有经验可以迁移，那制伞说明书要怎么做呢？"

小雨："可以画画，画小朋友看得懂的画，这样能很快找到材料学着做。"

小峥："像一本真正的书一样要有封面，写上谁的伞……"

涵涵:"我在阅读区做过小书,要写上页码,按照顺序订起来。"

教师:"那有兴趣的小朋友,可以尝试用自己画小书的方法做成说明书,好吗?"

做一份属于我们自己的制伞说明书

孩子们已经开始绘画制伞说明书了,有的一边观察自己的小伞一边回忆制作过程,有的认真绘画要准备的材料……涵涵拿着自己制作的小书请老师帮忙写文字做标记,书里画了许多的图、数字、箭号等。涵涵指着一处放射状的图,说:"老师,你帮我在这里写一下'要注意',就是提醒小朋友在中心点的旁边一圈粘长骨的时候不能挨得太紧,不然很难合上。"在涵涵的叙述中,老师逐渐帮助他完成文字的标注,并念给他听,确保他的制作方法被正确地表达出来。涵涵开心地向小伙伴们展示他的小书。

馨馨:"画得很像啊,这里还有材料清单,很快就知道要准备什么材料了。"

佐佐:"但是有一些画看不懂啊,你画了圆又画了一团草,是什么?"

"那是长骨要放射状粘在伞面上。"涵涵有些着急

制伞说明书的出现是在项目活动后期,幼儿制伞经验表达与分享需求中延伸出的话题。透过幼儿的表达,我们看到了幼儿经验分享的愿望和对制作说明书的理解。幼儿园保育教育评估指南中要求教师要在环境中提供能引发幼儿新经验与思考的教育环境。这些说明书的出现,正引领着幼儿自主地获取同伴间的有益经验。

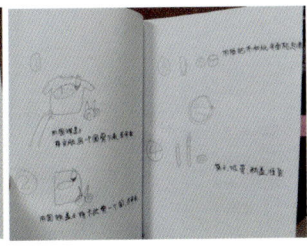

幼儿绘制的说明书

了,"你可以看上面的字啊,老师都帮我写上文字了。"

佐佐:"字我就更看不懂了!"

涵涵:"你可以找老师帮你念啊!"

佐佐说的很有道理,小朋友的绘画水平各不相同,表征形式也丰富多元,没有他人的解说有时还真看不懂。在制作过程中,我们更不可能每一步的操作都去询问他人画的是什么。而文字对一部分未识字的幼儿来说更是有困难的。

教师:"还有什么方法可以让小朋友更容易看得懂呢?"

暖暖:"拍照吧,我做伞的时候妈妈都帮我拍下来了,我可以把照片洗出来给大家看。"

"我爸爸也给我拍照了,还拍录像了呢……"孩子们纷纷表示，制作过程留下了过程性材料。

教师："有道理，照片确实能让我们看得更清晰。"

于是，老师鼓励家长将过程性照片冲洗出来，在幼儿园或家庭中继续制作制伞说明书，这一活动倡议也得到了家长的大力支持。幼儿园中，教师也将日常拍摄的幼儿制作过程的照片冲洗出来，鼓励幼儿将好的经验进行推广。

加上照片的说明书

我们一共收集到了 20 多本小制作说明书，孩子们常常拿着这些小书结合着作品向同伴进行介绍，有的孩子还在制作前到展区拿来小书认真观察学习，思考怎么制作呢！

幼儿制作的说明书　　结合说明书和作品进行经验分享

看看说明书学着做

当孩子们积累了丰富的制作经验后，他们用绘画、符号等形式制作独一无二的说明书。这不仅帮助自己再次梳理制作流程与经验，还收获了独特的前书写体验。设计说明书的过程不仅要考虑如何将自己的意图表达清晰，还考虑如何让他人看明白。同伴间还通过互相分享学习，迁移了丰富的表征经验，了解到更多元的制作方式与问题解决的方法。

当浩浩做到第10把后,他就越做越好了

浩浩特别喜欢做伞,他做了10把伞,经历制作不会开合的伞到会开合的伞,不完整的伞到完整的伞,不牢固的伞到牢固的伞,自己一个人制作到同伴一起合作。

刚开始的时候,浩浩想做一把大大的伞,他找来了大卡纸做伞面,用筷子粘短骨就完成了。后来,他还想到了用防水的电光纸制作。这些伞虽然很大,但伞面总是软绵绵的,原来是忘记做长骨和伞杆了。

没有长骨和伞杆的大伞软绵绵的　　防水电光纸制作的伞

浩浩很想做出一把能开合的伞。他去严师傅的纸伞工作坊研学时，特别认真地观察严师傅的作品，认真听严师傅的介绍，还用画画的办法记下了严师傅讲的内容。

浩浩开始试着做伞骨架，像严师傅一样，先做好牢固的伞骨再裱上伞面。不过，长骨要怎么做、怎么固定呢？他将长骨放射状地粘在一个圆片伞托上，长骨却老是掉！他一层又一层地覆盖透明胶加固，竹签还是掉出来了。

浩浩将掉落的竹签重新拼插回原位，接着粘了一层热熔胶，又覆盖上一层的黏土。他慢慢合拢竹签，其中一根又掉落了下来……

长骨紧挨着中心点

伞骨老是掉下来

浩浩从制作小伞的第一天起，就一直有个愿望——一定要做出一把能开合的伞。因此，当他得知可以去参观时，带着明确的目的去参观，做了许多的实地调研与记录。

浩浩还和小伙伴不断探索油纸伞开合的方法。用泡沫蛋托做下伞托，热熔胶固定竹签在泡沫蛋托上时歪歪扭扭，浩浩想要调整，可是竹签一拆就粘连着泡沫拔下了一大块。用黏土、万能轴、瓶盖当下伞托再试试，一次、两次、三次……有了下伞托的小伞，还是一动不动……

试试用瓶盖当下伞托　　尝试泡沫蛋托当下伞托

黏土伞托很快就掉了　　和同伴一起制订计划，使小伞做得更好

一天，教师让浩浩试试将伞骨从伞面中心点处往外挪一挪，留点空间。呀，长骨可以合拢啦！原来，它们挨得太紧了，没有空间合拢呢！长骨能合拢，他的油纸伞就有可能开合。

浩浩试着画制作油纸伞的计划图，把自己想到的好办法都记录下来。不过，做起伞来并不像计划想的那么简单，关于短骨与长骨要怎么固定就做了许多尝试。透明胶、纸胶、绳子……他用上能想到的各种工具材料。这些材料的使用，也不是一帆风顺的。例如，绳子很难绑，费了好大的劲也没能把短骨绑在伞托上；热熔胶黏合的伞骨开合几下就散架了；透明胶绕着绕着就缠在一起；一整卷的纸胶都用完了，短骨稍微开合一下又掉了……他还对照计划图发现问题做修改。

这天，浩浩看到小伙伴用毛根穿过吸管当短骨，拧一拧就固定在长骨上了，他和小伙伴就一起学着做了做。浩浩小心翼翼地打开小伞，终于成功了。他们还在自己制作的小伞上覆盖防水电光纸做伞面，小伞更加完整了！

浩浩将自己制伞的过程制作成了小书，在集体面前向

浩浩对伞的探究热情与执着让我们看到幼儿在项目活动中自主学习的生命力。浩浩怀揣着对实现探究愿望的渴求，产生了强大的内驱力。他并不是一个实操小能手，粘贴的透明胶时常歪歪扭扭，伞骨架也总是显得很粗糙，制作工艺也不精细或不美观，但他坚持一次又一次地制作，巩固技能，丰富经验，他做出的伞架越来越牢固、越来越完善。

用绳子绑一绑来固定　　纸胶固定伞骨　　学着用毛根穿过吸管当短骨

大家介绍自己实现小伞开合的经验与方法。看到台下的小朋友听得津津有味，浩浩显得无比的骄傲与自豪，开心地在雨天里撑着自制的伞。在浩浩的帮助下，小伙伴们也陆陆续续地制作会开合的伞。

向同伴介绍自己的制作经验　　雨天撑伞

在这个过程中，教师总是以欣赏的眼光看待他每一个作品，为他保留展示，提供分享机会，让浩浩积极地挑战每一次制作，在不断的探索中解决一个又一个的问题，助推浩浩实现深度学习。

挑战做一把超级大伞

孩子们撑着自己制作的小伞，在操场上走来走去。佐佐兴奋地说："大家快来，我的伞最大，可以遮很多人。"他的大伞下站满了四个人，再也容纳不下其他人了。佐佐笑着说："我的伞要是再变大一些，就能把全班的小朋友都装下了。"

教师："那你们要不要挑战来做一把大大的伞呢？"

"好啊！""真的吗？""我也想要做一把超级大伞。"……这一提议很快得到热烈响应。

佐佐："老师，我们可以做一把全班小朋友都能撑得下的伞吗？"

教师："当然可以。"

小奕："夏天快到了，我想做一把像沙滩遮阳伞那么大的伞。"

峥峥一边笑着一边说："我想做一把幼儿园那么大的伞。"

孩子们议论纷纷，大家显得很兴奋。

教师："哈哈哈，你们都可以试一试哦。"

老师接着问："但是，怎么做超级大伞呢？"

小影："找一些很长很长的竹签做长骨。"

绘绘："伞面也要很大很大。"

"要一张很大很大的纸做伞面。""不行，会破的。要找一块很大很大的布，我看到遮阳伞的布就很大。""那就找又防水又大的布！""幼儿园没有啊！""有啊，沙水区里的迷彩布很大。""我家的野餐垫也很大，可以坐8个人。"……看着孩子们七嘴八舌地讨论着，教师不禁期待着超级大伞的诞生！

当幼儿的制作技能越来越娴熟，经验积累越来越丰富时，教师鼓励他们挑战制作一把超级大伞。这背后，蕴含着更复杂的问题解决学习，孩子们还将面临同伴的分工挑战，但教师相信，这将掀起制伞项目活动的一个小高潮。孩子们不仅要迁移运用已有经验，还将引发更多的交流互动、观点表达与辩驳、猜测与验证等。因此，我们非常期待小组进行大伞的制作，相信会是一段很特别的旅程。

做大伞行动开始啦

区域活动时间，小影和小奕正在寻找伙伴一起制作大伞，不一会儿工夫，四个小朋友就达成共识，组成了合作伙伴。他们商量完到材料柜中翻找最长的竹棒，用透明胶将它们拼长，但似乎效果不大好。他们来找老师。

小奕："老师，我们想做超级大伞，但是需要一些很长很长的竹棒。"

佐佐补充道："我们需要很长的竹子来做长骨。"

淘淘拿着找到的竹棒说："最长的竹棒就这么长，用透明胶接起来不牢固啊。"

小影一边比画一边说："老师，你能不能买一些这么长的竹子？"

教师在网络上搜索后，询问孩子们的意见。"这样的吗？这种怎么样？""这个好像太细了，我怕容易断……"教师和小朋友们边翻找边商讨，最终，确定了选择1.5米长的竹棍。

教师:"还需要些什么材料呢?"

"双面胶、剪刀、毛根、吸管……"大家各抒己见。

教师:"这些都是你们平常做伞过程中用到的材料,看来你们很会迁移日常制作伞的经验呢!"

大家满怀期待,期待大长骨材料的到来!

先来拆一把大伞吧

很快,材料就到货啦!"哇,好长的棍子啊!""比我还要高!""做出来的伞肯定很大。"……

惊喜之余,淘淘提出:"这么长的棍子,要怎么做伞呢?"这一问题将孩子们拉回主题,他们围着长长的竹棍,有些不知所措。

小奕:"我们没有这么大的纸可以做伞面,竹棍没地方粘啊。"

小影反驳道:"我们要先做伞骨,伞骨都接好了,再找材料做伞面。"

佐佐看着小影,问:"那要怎么做伞骨呢?"

小影没了主意……

教师提议道:"我们把工作柜里的那些大伞拆开来看看,可能会得到些启发。"

商量着怎么开始

拆开大伞看一看

小伙伴们戴起手套,拿起钳子、剪刀等工具一边拆解一边观察。

幼儿的思维特点是以具体形象思维为主,在拆卸大伞的过程中,不仅满足他们的好奇心,还激发了他们动手动脑的兴趣,更让他们从中得到制作的启发,如大伞骨架的选材、位置的排列等,为之后的探究制作做了铺垫。

佐佐指着伞面上用针线固定伞骨的位置，说："这些伞面是用布做的，可以用线缝上去。"

小奕拆开一些短骨："老师你看，这些短骨撑得很开，我们的大伞也要能撑得大大的。"

教师："你们观察得很仔细。现在我们是决定先做伞骨再做伞面，对吗？"

大家商量后达成共识："是的，先做伞骨。首先要把长骨都装好。"

教师："这么长的竹棍，怎么拼接长骨呢？"

淘淘观察生活中的大伞，思索了片刻，说："我见过小朋友做伞的时候，有的是把长骨粘在圆形的纸片上。我们也可以先把大伞长骨的一头都粘在一个圆形的纸片上。"

教师："纸张比较脆弱，有可能会破。"

小影："我们可以用布啊，这些大伞也是布做的。我们就把长骨黏在一块布上面。"这一想法很快得到小伙伴的认可。

于是，伙伴们分头去寻找材料，大伞计划拉开帷幕。

制作大伞真不容易

小影剪下一块圆布,小伙伴们将竹棍的一端围合在圆布上。

小影:"伞骨摆得太密了,肯定合不上,我做伞的时候都是要留点地方才能合拢啊!"

"淘淘,像我这样摆成一个圆圈吧!"佐佐一边调整一边思索着,忽然,他拿来一支笔在布的中间画了一个圈,说:"大家沿着这个圈摆就不会太挤了。"伙伴们小心翼翼地沿圈摆放长骨。接着,用热熔胶将长骨固定在圆布上。

画个圈留些空间　　　　　用热熔胶固定

"现在，我们做短骨吧！"小影提议。大家商量着把这些竹棍对半裁开做短骨。小影找来卷尺："你们拉着那一头。"她示意伙伴们帮她固定测量起点，拉长卷尺认真测量，抬头问："老师，150厘米的一半是多少？""75厘米。"说着，她就在"75"的位置用笔做个记号。很快，长骨上都做好了标记。

教师："怎么裁断它？"

"我来，"佐佐用力地想要徒手掰断，"太坚硬了。"小奕拿来剪刀试图剪下也无果。看着孩子们费劲又努力的样子，教师想了想，说："有了，我用美工刀试试。"

孩子们在工具柜里很快就找来了美工刀交给教师，在一旁专注地等待。教师一边滚动竹棍，一边在标记上刻下痕迹，然后进行裁剪。

请老师帮忙裁剪短骨　　　　测量裁断长度

教师:"好了,短骨都裁好了。现在要怎么连接长骨和短骨呢?"

淘淘拿来找到的粗吸管:"这个吸管很粗,很适合做大伞。"

教师:"这要怎么连?"

大家似乎只是想到得用吸管,但要怎么使用,还无从得知。伙伴们开始把玩粗吸管和竹棍材料,佐佐无意间将竹棍插到吸管里,似乎发现了什么,叫了起来:"你们看,刚刚好塞住了。"伙伴们觉得好玩,纷纷效仿,插好吸管的短管变得参差不齐。

小影:"大家别玩了,短骨是一样长的,现在变得长长短短的怎么用啊?快拔掉吧!"

教师思索了片刻,建议道:"先不要拔!我们把塞好吸管的短骨剪成一样长,试试看粗吸管能否帮助我们固定连接吧。"

在教师的提议下,伙伴们开始合作裁剪等长的短骨。他们将所有的短骨聚拢在一起。

教师:"现在短骨要固定在哪儿?"

运用吸管连接长骨和短骨是幼儿制作小伞时的已有经验。使用粗吸管是想让已有经验在新的结构中发挥作用,但他们在遇到新的问题情境时,还需对之前的经验做进一步的分析和加工,这一过程促进了他们高阶思维的发展。

将粗吸管套进短骨　　　　裁剪等长的短骨

　　小影用短骨在长骨上比对着,指着长骨一处说:"这里。"

　　教师:"要固定成什么样?"

　　小影一只手扶着短骨的吸管,一只手前后摆动示范着:"就是这样,短骨能动来动去的。"

　　淘淘立马指着吸管处,质疑道:"吸管会裂啊!"

　　教师:"大家觉得呢?"

　　小奕看了看,指着连接处说:"我觉得应该用纸胶在这里绕一圈,这样就不会裂开了,还很牢固。"

　　大家纷纷表示赞同。

与教师交流长骨与短骨连接方法

伙伴们拿来热熔胶，分工协作。淘淘拿起一根短骨，吸管一端紧挨长短中心点，指示佐佐可以上热熔胶进行固定了。接着，小奕在上面继续用纸胶缠绕加固。

在大家的齐心协力下，所有的短骨固定均已完成。伙伴们高兴地想要试试短骨活动的效果。佐佐集中几根短骨，小心翼翼地往上拉了拉，看着短骨灵活地牵拉着长骨上下移动，小伙伴们开心地笑了。

项目活动中，当教师以参与者、观察者、引导者的身份参与其中时，幼儿更愿意在问题解决过程中与教师共同商讨，表达自己的想法，或邀请教师加入问题的探究解决的过程。

合作固定短骨　　　　用纸胶加固

孩子们围坐在一起讨论接下来该怎么办，教师也参与其中。

淘淘："用瓶盖当下伞托。"

佐佐："太小了。"

小奕："拿大的瓶盖！我以前看到过一个。"说着，就跑到材料柜里去寻找。

小奕很快找到了大瓶盖交给教师，教师问："这么大的瓶盖，怎么弄上去啊？"

淘淘："用毛根捆啊！"

教师："捆在哪里？"

佐佐指着短骨的一端说："这里。"接着拿起瓶盖，说着自己的设想："瓶盖的这边戳一个洞，然后把毛根插进去，另一边还可以捆在短骨上。"

大家分头行动。小奕请教师帮忙在大瓶盖的边缘上戳好洞备用。淘淘拿来一筐的毛根材料，和小伙伴们共同将短骨的一端缠绕紧毛根。佐佐绕了几圈，发现毛根容易掉。淘淘问："老师，毛根怎么样绕得紧呢？"教师仔细观察着孩子们缠绕的毛根形状，建议道："绕毛根的时候需要两只手配合，把毛根拉紧些。"一边说着一边示范，"还可以将它们拧一拧，绕几圈后，头部的地方需要再拧成结，就更牢固了。"

指导幼儿固定毛根的方法　　协助幼儿在瓶盖上戳洞

竹棍制作大伞有没有可能实现？毛根捆扎得很不牢固，教师要不要介入帮助捆？孩子们制作完成了要不要帮助举起大伞？这些问题时常在我们的脑海回荡，我们选择了不介入。大伞能否成功并不是教师关注的重点，重要的是我们希望幼儿从中体验到与同伴共同挑战、不断超越自我、自主解决问题带来的成功感与喜悦。教师适时放手，收获的是孩子无限的潜能。

这件事情一直持续到第二天，孩子们才完成伞架的组装与固定。他们准备将瓶盖套进伞杆，并分工将毛根另一头捆绑进瓶盖侧面的小洞里。花了好大的工夫，伞骨架才终于完成了。佐佐上下拉了拉下伞托，短骨带动长骨进行开合活动，大家顿时信心十足。

安装下伞托

拉动下伞托，牵引着伞骨开合

欢迎点播"小组制作大伞"视频

教师手记：制作大伞带来的惊喜与触动

孩子们敏锐的洞察力和逐渐增强的动手制作能力让我们惊喜。在这个阶段的活动中，孩子们的探究学习不知不觉有了新的变化，一些幼儿开始找到自己的探究方向，个人的优势与特长在项目探究进程中逐渐发挥出来，如善于发现问题的淘淘，制作挑战决不放弃的浩浩，越来越多的孩子在项目小组中发现自己，收获成长。

在这个过程中，孩子们的探索充满着与同伴、教师的积极交互，促进问题的解决与目标实现。他们在大伞的制作过程常会遇到困难或挫折，已有经验的迁移在新材料、新挑战前也并非是一帆风顺：木棍怎么锯成两截当短骨？用什么东西连接长短骨？下伞托用什么材料？毛根怎么实现稳固连接？他们会因项目过程中的意见、想法、需求不一致而产生认知冲突，引发同伴积极协商讨论、分工合作。想一想、试一试后问题或许不能马上解决，当他们求助教师时，我们如果告诉幼儿最快、最有效的办法，那么所有的探索都不会发生，也没有办法倾听孩子们有趣的想法与观察发现。教师为幼儿同伴间的对话与合作留下充足的时间，同时也适时参与到他们的讨论中。

教师拿着相机记录着孩子们的精彩时刻，当看到他们激烈地讨论时，我们的内心是欣喜的。当他们主动寻找老师帮助，诉说自己的想法与猜测时，我们的内心是温暖的，宽松安全、灵活自由的氛围让他们想说、敢说、会说。当教师积极参与其中时，内心是激动的，与孩子们的共同探究充满着未知的挑战与成功的欢乐。孩子们自主探究的内动力在我们的放手与积极支持中不断增强！

第四次做伞：在一次次的失败中迎来成功

大伞撑起来真费劲,但我们很开心

　　伞骨已经完成,孩子们想要撑开来试试。佐佐、淘淘、小奕一起用力举起伞杆,伞骨摇摇晃晃地散开,又因重心作用全部倾斜到一边。小影试图将伞骨们分开,伞骨却又堆成一团。佐佐兴奋地将伞骨撑在头上,长骨又滑动四散打开,同伴们纷纷用手拨动伞骨,使其较均匀地撑开。这时,伞面中心处的那块布被伞杆戳破了,整个伞面下滑,孩子们赶紧钻出来。

伞骨倾斜一边　　　　　　伞骨下滑

小影:"布都破了,要散架了,快叫老师过来。"

教师帮助孩子们将伞整理好平放在地面上,引导孩子们围坐在伞边观察。

教师:"我们的伞是哪里出问题了?"

小奕:"伞面坏了,要把破掉的伞面补好。"

小影:"先把破掉的布补一补。"伙伴们表示赞成,他们又剪下一块圆布覆盖上。

佐佐:"我觉得要粘伞面,伞骨都粘在伞面上了就不会滑来滑去,动来动去的。"协商后,大家决定用不易破的防水玻璃纸制作大伞面。于是,他们在教师的帮助下将多张玻璃纸进行拼接,并用透明胶固定在长骨上,又将多余部分裁剪,使其成为贴合伞骨的圆形伞面。

拼接玻璃纸当伞面　　固定伞面

这把超级大伞的长度、大小与重量已经超过个体幼儿的能力范围,将它举起撑开实在是一件很费劲的事情。庆幸的是,在这过程中教师没有进行干涉,默默观察着幼儿与同伴间的相互配合,互相包容,共生智慧,才让我们看到精彩的全过程。

完工后，伙伴们兴奋地想要扶起大伞。佐佐用力举起伞杆，小伙伴们分别抬起伞骨，试图让大伞直立，但短骨与下伞托连接处的毛根逐渐脱落，伞骨开始往背面聚拢，佐佐仿佛挑着伞杆，提着长骨。大家无奈地放下大伞，重新整理它的结构平放在地面上。

小影："伞杆掉了，短骨也掉了。"

小奕："要把它变得更牢固啊！"

伙伴们重新穿好毛根，不忘在毛根上再缠绕多一些的纸胶固定。伞杆连接处，淘淘又找来许多的毛根再次捆绑，小影在毛根上裹了几层纸胶加固。

伞骨往背面聚拢 　　　　对伞骨进行修补

一个小时过去了，大伞的修补工作基本完成，小伙伴们打算再撑起来试试。小奕清理现场："大家快让让，我们

要撑开大伞了。"佐佐慢慢举起伞杆,教师情不自禁地和小伙伴们一起扶着伞骨和伞面,生怕它再倾斜。慢慢地,大伞直立了起来,佐佐一手扶着伞杆,一手用力地往上移动伞托撑开伞面。"大家快扶好,别让大伞散架了。"佐佐不禁担心起来。小伙伴们望着逐渐撑开的伞面,扶着伞杆开心地叫着:"这次不会了,大伞很牢固,加油!"

佐佐用力顶开伞骨,大伞撑开啦!小伙伴们兴奋地欢呼着:"大伞撑开啦!大伞撑开啦!"一旁的小朋友闻声赶来,纷纷躲进大伞下,有人欢呼,有人抬着头好奇地观看,有人高兴地跳起拍打伞面。教室里充满了孩子的喜悦与欢乐,越来越多的小朋友跑来围观,分享自制大伞成功带来的快乐!

大伞撑起来啦!

制作一把会开合的伞已是一件看似不太可能的事情,而制作一把超级大的开合伞更是一件匪夷所思的事。但是,孩子们在探究中不断积累经验,在实践中不断反思与迁移,在同伴的共同努力下,坚持不懈完成了大伞的制作,使其成功开合!这其中,我们看到了幼儿良好的社会性的发展,表现出良好的倾听、沟通、合作的技能,对问题解决始终保持好奇和主动,还善于建立新旧经验间的联系,转化运用,最终实现自己的探究目的。

策划一场关于伞的表演

毕业季来临,大班的孩子们准备筹划一场毕业典礼,向大家展示自己在幼儿园的学习与体验,大三班的孩子们讨论着在毕业典礼上准备展示什么内容。

小奕:"表演我们在幼儿园最喜欢做的事情,我最喜欢做伞。"

馨馨:"我要和好朋友小屹一起表演,我们经常一块儿游戏一块儿做伞,我们做的伞很漂亮呢!"

浩浩:"我想向大家介绍自己做的伞,我做了10把伞,好不容易才成功的。"

妍妍:"我也想展示我的伞,我和小语做的吸管伞很特别。"

"我想让爸爸妈妈看我做的伞。""我想让全园的老师和小朋友都来欣赏我们做的伞。"……

看来,孩子们都很想在毕业典礼上向大家展示自己制作的伞，于是，老师肯定道："可以啊，我们就在毕业典礼上表演关于伞的节目吧！嗯……我们表演伞的什么呢？"

小屹："把我们自制的伞和绘画的伞都带上舞台，呃……可以走秀。"小女生们听了纷纷表示赞同。

小高："我想念儿歌，把制作油纸伞的知识告诉大家。可以念我们学过的《油纸伞童谣》。绕伞圈、晒伞骨、定伞头、裱伞面、八十三道工序不能少……"顿时，班级的孩子们跟着一起诵读起来。

教师："真不错，当大家齐诵时我都被感动了呢！"

小颖："还要唱《油纸伞》的歌：在那三坊七巷的街，有一个做油纸伞的姑娘……"熟悉的旋律响起，大家不禁跟着哼唱起来。

教师："哈哈哈，行，我们再表演唱这首歌！"

暖暖："还可以介绍油纸伞的其他知识，把我们参观福伞基地去研学的事情讲给大家听，那里可有趣了。"

淘淘："我想教大家做伞。严师傅说，让我们学会做油纸伞，就是将手艺传承。"

教师："传承是什么意思呢？"

小绘:"传承就是大人教小朋友做一件事情,把这件事情一直传下去。"

小晨:"传承就是一个东西很宝贵,不能丢。"

诺诺:"传承就是让更多人了解油纸伞、知道油纸伞、学会做油纸伞,这样以后福州就会一直有油纸伞存在,不会消失。"

教师:"孩子们,你们说得很好。传承更是一种精神,像严师傅学做油纸伞一样勇于挑战、不怕困难的精神,你们做得很好。"

均均:"老师,严师傅可以跟我们一起上台表演吗?他告诉了我们许多油纸伞的知识,让我们把伞做得更好。""对啊,对啊,把严师傅请来吧……"

教师:"是啊,严师傅在制伞的过程中给予我们很大的帮助。好的,我会去跟他联系,邀请他来参加我们的毕业典礼的!"孩子们欢呼起来。

小诚:"老师,你跟我们一起上台表演,你带着我们做了许多的探索,是我们的好伙伴。"

教师:"哈哈哈,好啊!你们的探究精神也深深地感染

看着孩子们纷纷表达对传承的理解,教师不禁心生敬意。在这次的油纸伞探究中,孩子们收获的不仅是知识和技能,更为宝贵的是在他们幼小的心灵里播撒下热爱中华传统文化的种子,萌生对文化传承的使命与担当。这更是我们教书育人的重要目标。

着我，看到你们不怕困难、坚持不懈、认真解决问题的样子，我真的很为大家感到自豪。我要在表演中向大家述说你们的良好精神品质呢！"

孩子们陆续策划着这场关于伞的表演：关于我们了解油纸伞的经历，关于制作伞的探究，关于和好朋友发生的有趣事情，关于老师和孩子们的思维碰撞，关于我们和伞之间有趣的故事……

关于"伞"的表演

严师傅送祝福

吟诵《福州油纸伞》

教师手记：在经历不可思议中越来越相信孩子

做一把会开合的伞在我们看来是一件非常不可思议的事情，特别是幼儿园的女教师有一部分都认为自己的科学素养有待加强，缺乏工程与技术方面的经验，对这一类项目活动的推动开展没有把握。但正是因为我们选择了相信幼儿、倾听幼儿，也挑战了自我，与幼儿共成长。

看到孩子们探索长骨的固定方法、探索关于各零部件的固定连接方式、对油纸伞科学知识的渴求，我们的心里着实忐忑。没有现成的教学方案与前人经验的参考，缺乏制作经验的我们手足无措。不过，孩子们并未因困难而退缩，他们不断用自己"一百次"的实践经历求实、验证，找到星星点点关于问题解决的方法，实现着思维与能力的进阶，尽情体验探究过程中的好奇、挑战与冒险，形成丰富多元的探究经验。在整个项目活动过程中，他们自信、认真、专注，用实际行动告诉大家"我能行"，不断驱动一个又一个问题的解决，实现自己的目标。

经历了一次次看似不可能的问题解决后，我们的儿童观也在不断更新与牢筑。孩子们才是学习的主人，他们是有能力、独立自信的学习者。在经历这样一个个不可思议的项目活动后，我们变得更加相信儿童，更加有信心支持他们的深度学习与发展。

收获：做伞过程中的汗水与泪水

经历探究制作一把会开合伞的过程后，我们对部分孩子进行一对一的访谈，一起来听听他们做伞的体验感受吧！

采访内容	我想说……
你们遇到了哪些问题呢？	就是伞合不上啊，伞都是撑开的！老师，怎么办？ 先做伞骨吗？没有伞面了那长骨粘在哪儿？ 我用泡沫蛋托做下伞托，但是短骨要怎么固定在上面呢？ 我们用纸胶粘长骨和短骨，固定不住，都拧成一团了。 伞骨连接的时候老是掉，什么东西能把它们粘牢牢的呢？我知道了，用狗皮膏药试试，妈妈说贴了撕都撕不下来。

采访内容	我想说……
过程中有什么困惑吗？	为什么叫"四维方巾"，为什么要写"福"字呢？ 伞托上面有很多的凹槽可以插伞骨，我要做凹槽吗？ 油纸伞伞骨中间有个洞，可以穿绳子固定，我要用什么固定呢？ 短骨要固定在长骨哪里？小屹说我粘得太远了。 我先想到用竹签做短骨，彬彬却想要用吸管做短骨，我是队长应该听我的！你说，应该听谁的？

采访内容	我想说……
说说你的收获吧！	我终于可以自己用胶枪了，以前妈妈都不让我碰。 我最开心的是和佐佐一起做伞，我们是好朋友，做了小伞还做了超级大伞！ 我和馨馨都不会做开合的伞，但是馨馨懂得看说明书，我们按照小语的制伞说明书做成功了，有说明书太棒了！ 我做的小伞虽然还不会开合，但是我会继续坚持下去。你看，现在用力拉一下就能动，很快就要成功了！ 升旗仪式上我向全园小朋友介绍自己做的吸管伞，那是我第一次上台，下次我还想上台介绍。

采访内容	我想说……
你的心情怎么样？	很兴奋！我们终于能在雨天撑着自己做的伞啦！ 很开心，因为在毕业典礼上我向大家展示了自己制作的开合伞。 有点可惜没能开合，但我一定能成功。 很自豪，因为大家都喜欢我制作的伞，还经常让我教教他们，我很喜欢教大家怎么做。 本来有点生气的，因为峥峥一直要让我听他的。后来，我们两种方法都试了试，都不行。我们又去找新方法，就成功了。

尾声：油纸伞不仅仅是"伞"哦！

　　随着孩子们制作开合伞活动的不断深入，他们对油纸伞的情愫越加地浓厚。油纸伞伴随孩子们度过了一段特别而有意义的旅程，吸引着大家走近油纸伞，走近油纸伞文化，更走近油纸伞背后的中国匠人精神。

　　油纸伞的项目活动是在孩子们参观三坊七巷背景下衍生出来的，前期我们看到许多女生很喜欢油纸伞，有赖园所得天独厚的地理位置优势，想着或许可以实现这部分的探究想法。当他们开始在美工区制作一把漂亮的小伞，从关注伞的美观到逐渐萌发制作一把会开合的伞，我们意识到，我们该支持孩子们跟随自己的兴趣需求不断探索。能否顺利开展或"无疾而终"，教师们有些忐忑。回顾三年来，我们带着这批孩子走过许多的项目活动历程，发现水果腐烂的秘密、探究蜗牛的生活环境、人体奥秘学习共同体等等，我们看到孩子们的热情投入、愿意与人交往分享，看到家长逐渐对项目活动的认同与助力，积极贡献课程资源，这些都给予我们莫大的信心与鼓舞……我们决定陪伴与支持孩子们做一把会开合的伞。

　　在整个项目活动过程中，我们始终坚信孩子是有能力的学习者，我们应在过程中鼓励儿童自主思考，承担项目中问题解决的机会，促进他们在与周遭材料、人等互动过程中进行关联认知、决策、创造等等，不断对各种经验进行整合与超越，才能更好地实现心智体的全面发展。

故事至此并未结束，采访严磊师傅时，他告诉我们自己油纸伞求学的经历，他说："以前，经常有年轻人去师傅那里学习做油纸伞，但坚持到最后的只有我一个人。"在研究油纸伞、改良油纸伞的道路上，严磊师傅也摸索了良久，带着严谨与创新精神，他获得了许多奖项。因油纸伞在实际生活中使用的人较少，又受疫情的影响，他的几家工作室相继关门，但他说："基地不能丢，它就像我们文化传承的根基，只要它在这，就会有人看到，我要将最美的笑容和福州最有特色的油纸伞不断推广。"因此，常常在公益活动中看到他在为非遗文化油纸伞做宣传的身影，各大校园和图书馆里也常看到他带着孩子们体验制作油纸伞。在孩子们毕业典礼表演当天，严师傅虽然没能来到现场，但送来了视频祝福，在孩子们的高光时刻送上成长之礼。孩子们认真观看和倾听严师傅的叮嘱，制作油纸伞的童谣在舞台响起，当师生共同朗诵出"八十三道工序不能少"时，油纸伞的精神如同它本身细致的工序一般，融入工匠们认真严谨、坚持不懈、刻苦钻研的精神，同时传唱、扎根在我们每一个人的心里。这是"来做一把油纸伞"项目活动给孩子们又一珍贵无比的礼物！

严磊师傅给孩子们的话

图书在版编目（CIP）数据

来做一把油纸伞吧：幼儿项目活动中问题解决经验的建构/朱丽芬，林娟编写． —福州：福建教育出版社，2024.6
（彩虹课程丛书/吴丽珍主编）
ISBN 978-7-5334-9947-1

Ⅰ.①来… Ⅱ.①朱… ②林… Ⅲ.①幼儿园—课程改革—研究 Ⅳ.①G612

中国国家版本馆 CIP 数据核字（2024）第 080131 号

彩虹课程丛书
丛书主编　吴丽珍
副　主　编　吴端萍　朱丽芬

Lai Zuo Yiba Youzhisan Ba

来做一把油纸伞吧
——幼儿项目活动中问题解决经验的建构
朱丽芬　林　娟　编写

出版发行	福建教育出版社
	（福州市梦山路 27 号　邮编：350025　网址：www.fep.com.cn
	编辑部电话：0591-83726908
	发行部电话：0591-83721876　87115073　010-62024258）
出 版 人	江金辉
印　　刷	福建新华联合印务集团有限公司
	（福州市晋安区福兴大道 42 号　邮编：350014）
开　　本	889 毫米×1194 毫米　1/24
印　　张	8
字　　数	139 千字
版　　次	2024 年 6 月第 1 版　2024 年 6 月第 1 次印刷
书　　号	ISBN 978-7-5334-9947-1
定　　价	39.80 元

如发现本书印装质量问题，请向本社出版科（电话：0591-83726019）调换。